링컨이 쓴
365
말씀묵상

THE BELIEVER'S DAILY TREASURE
by Abraham Lincoln

Korean edition published by Word of Life Press, Seoul ⓒ 2019
All rights reserved.
Printed in Korea.

링컨이 쓴 365 말씀묵상

ⓒ 생명의말씀사 2019

2019년 12월 30일 1판 1쇄 발행

펴낸이 | 김재권
펴낸곳 | 생명의말씀사

등록 | 1962. 1. 10. No.300-1962-1
주소 | 서울시 종로구 경희궁1길 5-9(03176)
전화 | 02)738-6555(본사) · 02)3159-7979(영업)
팩스 | 02)739-3824(본사) · 080-022-8585(영업)

기획편집 | 유선영, 배정아, 김민주
디자인 | 박소정
인쇄 | 영진문원
제본 | 정문바인텍

ISBN 978-89-04-16694-7 (03230)

저작권자의 허락없이 이 책의 일부 또는 전체를
무단 복제, 전재, 발췌하면 저작권법에 의해 처벌을 받습니다.

링컨이 쓴
365
말씀묵상

역자 서문

성경이 빚은 사람

이 작은 책자는 아주 심플하다. 365일 하루치 성경 말씀과 그로부터 얻은 짧은 글이 전부다. 이 작은 책을 링컨은 예배를 위한 책으로 사용했다.

링컨의 '예배서'를 우리말로 옮겨 적을 때마다 그의 호흡을 조금씩 느꼈다면 과장일까? 주님 앞에서 말씀을 읽으며 기도하고 심령을 쏟아놓았을 링컨의 날마다의 호흡을 말이다. 세미한 소리를 어찌 다 옮길 수 있으랴만, 아무쪼록 오늘의 독자들께서도 이 책을 예배서로 사용해보시길 바란다.

우리는 링컨이 살았던 시대와 전혀 다른 시대를 살고 있으나 이 책은 예배의 호흡이 과거나 지금이나 다르지 않음을 증명한다. 예배라는 단어를 교회 안으로만 한정 짓는 사람도 있고 '내 모든 일상이 예배'라며 과감히 이를 건너뛰는 사람도 있다. 다 그럴듯하게 들린다. 그러나 이 예배서를 읽다보면 나의 예배를 되짚어보게 된다. 예배란 단어에 멋진 수식어를 붙이는 것보다 일상에서 어떻게 예배의 삶을 살 것인지를 생각하게 했다.

링컨이 예배드렸던 이 심플한 책은 그의 삶을 바탕으로 했기에 결코 "심플하다" 말할 수 없다. 이 작은 책 안에 담겨있는 영어는 현 시대의 영어와는 많이 다른 고어적 표현이 많았고, 시적 상상력이 동원된 메타포와 백미의 아포리즘이 성경의 체로 다시 걸러져 나와 한글로 옮기는 데 어려움이 많았다. 그렇지만 그 어려움은 오롯이 역자의 부족함 탓이지 다른 그 무엇도 아니다. 또 분명히 말씀드릴 수 있는 것은 영어와 한국어의 어감 차이, 링컨과 이 책을 읽을 한국 독자와의 시대적 차이와 거리감 등이다. 그러나 그 모든 차이에도 불구하고 링컨이 예배했던 하늘의 언어를 우리말의 식탁에서 누리는 분에 넘치는 호사를 누렸다. 이 소중한 링컨의 예배용 경건 소책자를 번역하는 일을 허락해주신 생명의말씀사에 깊이 감사드린다.

미국을 대표하는 얼굴

링컨을 떠올린다면 가장 먼저 생각나는 것이 뭘까? 말투, 걸음걸이, 업적, 다양한 평가 등이 있겠지만 아마도 얼굴이 아닐까? 얼굴은 한 사람의 전 인격과 생애를 말해준다. 얼굴을 통해 한 사람이 살아온 시간들이 잘 잡힌 주름처럼 담겨있기 때문이다.

필자의 책, 『미국 기독교의 어제와 오늘』에서는 링컨을 다음과 같이 표현했다.

"링컨은 곧 미국을 가리킨다. 미국은 링컨의 나라다. 링컨은 미국 안에 가장 깊게 파인 호수 같고, 가장 높이 솟은 산봉우리 같다. 링컨을 빼고 미국을 말할 수는 없다. 링컨은 미국의 얼굴이요, 그 얼굴에서 나오는 말과 논리는 미국을 대변한다. 마흔 살이 되면 자기 얼굴에 책임을 져야 한다는 말 그대로 링컨은 그 얼굴로 말했다. 링컨이 더 위대한지 미국이 더 위대한지 잣대로 잴 수는 없겠지만 링컨의 위대함이 미국의 위대함이라 말해도 과언이 아닐 것이다"

대통령이자 "미국의 얼굴"이었던 그의 실제 얼굴을 보려는 이들은 사우스다코타 주의 블랙힐스 지역 러슈모어 산으로 향한다. 거친 화강암 바위산에 새겨진 거대한 4명의 역대 대통령의 얼굴은 미국인의 가슴마다 조각처럼 박혀 있다. 청교도 소설가였던 나다니엘 호손의 '큰 바위 얼굴'과 이미지가 겹치기도 하는데 그중 가장 먼저 눈에 들어오는 얼굴은 물론 링컨의 얼굴이다. 왼편부터 조지 워싱턴, 토마스 제퍼슨, 시어도어 루스벨트 그리고 링컨 순으로 배열되어있는데, 링컨은 얼굴만으로도 다른 미국 최고의 대통령들을 압도한다.

링컨의 얼굴은 물론 그곳에만 있는 게 아니고 미국 방방곡곡 링컨이란 이름과 함께 살아있다. 특별히 미국의 수도 워싱턴 D. C.에 가면 미국을 위해 헌신한 많은 위인들의 기념관, 박물관, 미술관, 도서관, 동상, 거리, 광장 등이 수도 없이 많다.

대표적으로 조지 워싱턴 기념탑, 토마스 제퍼슨 기념관, 마틴 루터 킹 주니어 기념관, 프랭클린 델라노 루즈벨트 기념관 등이 있지만 링컨 기념관은 그 규모면에서나 역사적 의미에서도 다른 모두를 압도한다. 링컨 기념관의 거대한 계단을 한걸음씩 오르는 사람들은 그 기념관 중앙에 앉아있는 링컨의 얼굴과 마주한다. 링컨은 오늘도 조용히 앉아 그의 얼굴을 보기 위해 힘들게 계단을 걸어 올라오는 인생들에게 자신이 겪은 비통한 생애, 자신이 이룩한 위대한 업적을 그 얼굴로 말해주고 있다.

앉아있는 링컨의 동상은 마치 한 장의 흑백 초상화 같다. 넓은 이마 밑으로 곧게 솟아오른 코, 어둡고 긴 골짜기처럼 깊이 팬 주름, 움푹 파인 검고 깊은 호수 같은 두 눈, 그 위로 숲속의 커튼같이 더 짙은 눈썹, 서걱거리는 갈대숲 같은 턱수염, 도무지 밝음이라고는 찾기 힘든 얼굴빛이 동상을 뒤덮고 있다.

죽음의 긴 회랑을 홀로 천천히 걸어 나오는 오페라 배우의 고독한 발걸음이 연상되는데, 링컨의 얼굴은 오페라 배우가 쓴 가면의 페르소나가 아니라 진정한 한 인간의 페르소나, 진면목이다. 이 시대에 진면목은 보기 드물다. 내 얼굴이 아닌 그 누구의 얼굴을 갖고 다닌다. 그러나 링컨의 얼굴은 전혀 다르다.

고난의 깊은 골짜기를 지나

그의 얼굴에는 남다른 역경과 고난의 삶이 고스란히 담겨있다. 아홉 살 때 어머니를 잃었고, 열아홉 살에는 누나를 잃었고, 결혼하고서는 네 자녀 중 장남 로버트를 제외하고 모두 그의 눈앞에서 땅에 묻혔다. 어린 아들 에드워

드를 묻을 때는 아들의 몸을 담은 관에 못을 직접 박았다. 이것만으로도 그의 영혼과 정신이 온전할 리 만무한데, 거기에다 연방하원의원, 연방상원의원, 부통령 후보 경선 등 주요 선거에서만 아홉 번이나 실패를 맛봤다.

링컨의 얼굴은 더 깊은 골짜기로 내려만 갔다. 미국 역사상 가장 비통한 전쟁이었던 남북전쟁을 치러야 했다. 60만 명 이상의 사상자가 골짜기와 들판을 뒤덮었다. 링컨은 그야말로 삶의 환희라고는 찾아보기 어려운 시대를 거쳐 날마다 비보를 접하며 죽음의 골짜기를 지나야 했다. 드디어 남군이 항복하여 평화가 오나 싶었는데, 1865년 4월 14일 금요일 밤 암살자의 총알은 포드 극장에 참석했던 링컨의 머리를 뚫었다. 남과 북의 애국자들은 위대한 거인을 잃고 나서야 총과 증오를 내려놓고 통곡했다. 링컨은 금요일에 돌아가신 예수님을 따라 금요일에 서거했다 하여 '미국의 구세주'라 불리며, 당시 집집마다 그의 흑백 사진을 걸어둘 정도였다. 그의 얼굴은 미국인들의 '시민 종교 제단'이 되었다.

역대 가장 경건했던 대통령

그러나 이 책에서는 그 링컨의 얼굴이 하나님의 얼굴과

마주한 모습으로 등장한다. 인간의 가면 쓴 얼굴, 다른 것으로 자신을 꾸미는 인간을 조롱하듯 링컨은 오롯이 민낯으로 하나님의 얼굴 앞에 나선다. 이 책에서 그는 '대통령 링컨'이 아니다. 대통령이란 직위조차 만왕의 왕 앞에선 아무것도 아님을 링컨은 잘 알았다. 그는 하나님 앞에서 떨며 서있는 키 큰 한 남자, 주님의 옷자락을 뒤에서 가만 붙든 한 불쌍한 영혼일 뿐이다. 자신의 업적이나, 자신이 너무도 사랑했던 조국, 그래서 자신의 목숨도 아끼지 않았던 미국도 언급되지 않는다. 하루 이틀도 아니고, 일 년 365일 링컨은 자신의 얼굴을 성경 말씀의 거울 앞에 비춘다. 한마디로 그의 얼굴을 만든 것은 하나님의 말씀, 성경이었다.

이러한 링컨이었기에 미국의 뛰어난 역사가 슐레징거가 그를 "미국 역대 대통령 중에서 가장 경건한 대통령"으로 평가한 것은 지극히 당연했다. 『미국 기독교의 어제와 오늘』에는 "링컨은 사람들이 진정으로 가슴에서 우러나오는 존경을 표하지 않을 수 없는 위대함을 지녔다. 그러면 그 위대함은 어디서 왔는가? 링컨의 위대함은 그가 열심히 읽었던 성경과 하나님 앞에 날마다 씨름하듯 올려드렸던 기도에 있다"고 밝히고 있다.

링컨에게 성경 읽는 법을 가르쳐준 어머니 낸시는 링컨이 아홉 살 때 세상을 떠났다. 낸시는 죽기 직전 "내 아들아 내가 너에게 엄청난 땅을 물려주는 것보다 이 한 권의 성경책을 물려주는 것을 진심으로 기쁘게 여긴다. 너는 성경을 읽고 성경 말씀대로 살아가는 사람이 되어다오" 하고 부탁한 뒤 천국으로 옮겨갔다. 링컨은 1861년 대통령에 취임하면서 다음과 같이 말했다. "이 낡은 성경책은 바로 제 어머니께서 물려주신 성경입니다. 저는 이 성경으로 말미암아 대통령이 되어 여기 이 자리에 서게 되었습니다. 저는 성경 말씀대로 이 나라를 통치할 것을 약속드립니다."

이제 이 책을 통해 독자들도 링컨의 약속과 그가 어떤 사람이었는지 확인할 수 있을 것이다. 그가 남긴 위대함은 모두 성경에서 흘러나온 것이라 말해도 지나치지 않을 것이다. 링컨은 "성경을 늘 펼치고 있으면 그대의 천국 가는 길도 늘 펼쳐져있을 것"이라 했고, "대통령의 임기가 끝나면 예루살렘과 골고다 언덕에 가보고 싶다"고 말했다.

링컨은 남군 연합이 북군에 항복한 지 엿새만인 1865년 4월 15일 암살당해 땅에서는 그 소원을 이루지 못했으나 천사들의 날개에 실려 그가 그토록 가길 원했던 주님 앞으로 돌아갔다.

마지막으로 톨스토이가 링컨에 대해 남긴 말로 끝을 맺는다.

"나폴레옹, 시저, 워싱턴의 위대함은 해 같은 링컨의 위대함에 견주면 달빛에 지나지 않는다. 링컨은 미국보다 크며, 미국의 모든 대통령들을 다 합친 것보다 더 크며, 이 세상이 살아있는 한 그는 계속 살아있을 것이다."

역자 서문 | 5

January 1월 진정한 그리스도인의 모습 | 16
February 2월 구원의 증거 | 48
March 3월 엄청난 특권을 가진 우리들 | 78
April 4월 이 땅에서 마쳐야 할 선한 일 | 110
May 5월 그리스도인의 교회 생활 | 142
June 6월 세상 속의 그리스도인 | 174

contents

July	7월 그리스도인이 맛보는 기쁨	206
August	8월 슬픔을 이길 힘을 얻다	238
September	9월 인내로써 시험을 이기다	270
October	10월 지나온 길을 돌아보다	302
November	11월 기대하고 또 기대하라	334
December	12월 성도가 받게 될 마지막 축복	366

01
January

진정한 그리스도인의 모습

January / **1월 1일**

성도는 하나님께 사랑받는 자다

하나님의 사랑이 우리에게 이렇게 나타난 바 되었으니
하나님이 자기의 독생자를 세상에 보내심은
그로 말미암아 우리를 살리려 하심이라 (요한일서 4:9)

내 영혼아
잠잠히 주를 송축하고
그 기이함에 놀랄지어다.
어찌하여 이토록 나를 사랑하시는가?
은혜로 나를 구주와 한 가족이 되게 하시니
할렐루야를 외칠지어다!
감사하라, 영원히 주께 감사를.

오 늘 의 묵 상

January / 1월 2일

성도는 예수의 피로 구속된 자다

너희가 알거니와 너희 조상이 물려 준
헛된 행실에서 대속함을 받은 것은
은이나 금같이 없어질 것으로 된 것이 아니요
오직 흠 없고 점 없는 어린양 같은
그리스도의 보배로운 피로 된 것이니라 (베드로전서 1:18,19)

우리의 죄와 슬픔을 주께서 다 지시고
주님은 크나큰 짐을 묵묵히 견디셨습니다.
우리를 속량하시려고 자신을 하나님께 드렸고
그 값은 다 치러졌습니다.

오 늘 의 묵 상

_____

_____

_____

January / 1월 3일

성도는 성령으로 새롭게 된 자다

우리를 구원하시되 우리가 행한 바 의로운 행위로
말미암지 아니하고 오직 그의 긍휼하심을 따라
중생의 씻음과 성령의 새롭게 하심으로 하셨나니 (디도서 3:5)

주님의 은혜가 아니면
보이는 종교적 의식은
헛된 것이니,
주님의 생명과 빛만이
천국 영혼을 지어갑니다.

오 늘 의 묵 상

January / **1월 4일**

성도는 신성한 성품에
참여하는 자가 되었다

이로써 그 보배롭고 지극히 큰 약속을 우리에게 주사
이 약속으로 말미암아 너희가 정욕 때문에
세상에서 썩어질 것을 피하여 신성한 성품에
참여하는 자가 되게 하려 하셨느니라 (베드로후서 1:4)

하나님의 아들은 복이 있으니
그들은 그리스도의 피로써 사신 바라.
그들은 하나님의 의로운 역사 안에서
은혜의 열매를 맺는다.
그들은 하나님께로 났으니 죄를 미워하고
주의 순결한 말씀이 그 안에 살아있다.

오 늘 의 묵 상

_____

_____

_____

January / 1월 5일

성도는 하나님 앞에서 의롭게 되었다

또 모세의 율법으로
너희가 의롭다 하심을 얻지 못하던 모든 일에도
이 사람을 힘입어 믿는 자마다
의롭다 하심을 얻는 이것이라 (사도행전 13:39)

예수님의 보혈과 의로움이
내 아름다움이 되었고
영광의 옷이 되었습니다.
타버릴 세상에서 이렇게 단장해주시니
기뻐하며 내 머리를 들겠습니다.

오 늘 의 묵 상

January / 1월 6일

성도는 그리스도와 연합한 자다

나는 포도나무요 너희는 가지라 그가 내 안에,
내가 그 안에 거하면 사람이 열매를 많이 맺나니
나를 떠나서는 너희가 아무것도 할 수 없음이라 (요한복음 15:5)

포도원의 주인이시여,
살아있는 포도나무이신 그리스도 안에
거칠고 메마른 우리 영혼을 심어주신
주의 힘과 은혜를 경배합니다.

나는 영원히 그곳에 거하며,
그 생명의 뿌리로부터
모든 가지마다 뻗어 나가 열매 맺는
생명을 공급받겠습니다.

오 늘 의 묵 상

January / 1월 7일

성도는 하나님의 상속자이다

자녀이면 또한 상속자 곧 하나님의 상속자요
그리스도와 함께 한 상속자니
우리가 그와 함께 영광을 받기 위하여
고난도 함께 받아야 할 것이니라 (로마서 8:17)

은혜로우신 하나님,
저를 아들이라 부르시고
거룩한 상속자로 삼아주소서.
내가 주를 나의 주님이라 부를 때
나는 궁궐의 왕자들이 부럽지 않으니,
그들의 왕홀과 왕관이 내 눈에 들어오지 않고
그 광채도 사라져버릴 것입니다.

오 늘 의 묵 상

January / 1월 8일

성도는 주 안에서 온전해진 자다

그 안에는 신성의 모든 충만이 육체로 거하시고
너희도 그 안에서 충만하여졌으니
그는 모든 통치자와 권세의 머리시라 (골로새서 2:9,10)

세상과 천국의 거룩한 성도들아
이 감미로운 연합에 참여할지니,
하나의 몸이 되어 서로 사랑하고
함께 한 주인을 섬기는도다.

하나님 아버지의 얼굴 앞에서
그 몸이 드러날 것이고
그 아름다운 몸에 수치가 되는
흠과 티는 하나도 없을 것이다.

오 늘 의 묵 상

_____
_____
_____
_____

January / **1월 9일**

성도의 변호인은 예수 그리스도시다

나의 자녀들아 내가 이것을 너희에게 씀은
너희로 죄를 범하지 않게 하려 함이라
만일 누가 죄를 범하여도
아버지 앞에서 우리에게 대언자가 있으니
곧 의로우신 예수 그리스도시라 (요한일서 2:1)

내 영혼아 기쁨으로 눈을 들어
위대한 구주가 서 계신 곳을 보라.
두 손에는 귀한 향을 들고
높은 곳에 빛나는 중보자가 계신다.
그분은 겸손한 자들의 신음을 달래고
심령이 상한 자들에게 기도를 권고하시니,
권능과 사랑으로 절망을 허락치 않으시는
그분께만 소망을 두라.

오 늘 의 묵 상

January / 1월 10일

성도의 소망은 예수 그리스도시다

우리 구주 하나님과 우리의 소망이신
그리스도 예수의 명령을 따라
그리스도 예수의 사도 된 바울은 (디모데전서 1:1)

예수님, 나의 주여, 당신을 바라봅니다.
의지할 데 없는 죄인이 어디로 가겠습니까?
한량없는 주님의 사랑이
모든 불행과 고민에서 자유롭게 할 것입니다.

오 늘 의 묵 상

January / **1월 11일**

성도의 생명은 예수 그리스도시다

우리 생명이신 그리스도께서 나타나실 그 때에
너희도 그와 함께 영광 중에 나타나리라 (골로새서 3:4)

영원하신 구주께서 살아 계신다면
나의 영생 또한 확실하도다.
주님의 말씀은 견고한 반석이시니
그 위에 집을 짓고 안전히 쉬리라.

오 내 영혼아, 이곳에 신뢰를 두라.
예수께서 영원히 나의 주님이시면
최후의 원수인 죽음조차도
주님과의 연합을 깨지 못할 것이로다.

오 늘 의 묵 상

January / 1월 12일

성도의 화평은 예수 그리스도시다

이제는 전에 멀리 있던 너희가 그리스도 예수 안에서
그리스도의 피로 가까워졌느니라
그는 우리의 화평이신지라 둘로 하나를 만드사
원수된 것 곧 중간에 막힌 담을
자기 육체로 허시고 (에베소서 2:13,14)

주님은 그의 피로 "우리의 화평"이 되셔서
죄인들이 하나님과 화목하게 하셨습니다.
이제 그 친밀함이 회복되어
사람은 하나님께 사랑받고
또한 하나님을 사모합니다.

오 늘 의 묵 상

January / **1월 13일**

성도의 공의는 예수 그리스도시다

그의 날에 유다는 구원을 받겠고
이스라엘은 평안히 살 것이며
그의 이름은 여호와 우리의 공의라
일컬음을 받으리라 (예레미야 23:6)

거룩하신 구주시여,
우리가 주의 이름을 알며
그 이름을 믿사오니
주님은 우리의 의로움이고
주님은 이스라엘의 자랑입니다.
우리에게 입혀주신 그 흠 없는 옷이
우리를 완전히 둘렀으니
모든 걸 꿰뚫어 보시는 눈으로도
오점 하나 찾을 수 없을 것입니다.

오 늘 의 묵 상

January / 1월 14일

성도의 몸은 성령의 전이다

너희 몸은 너희가 하나님께로부터 받은 바
너희 가운데 계신 성령의 전인 줄을 알지 못하느냐
너희는 너희 자신의 것이 아니라 (고린도전서 6:19)

창조자 성령님!
성령님의 도우심으로 세상의 기초가 처음 놓였습니다.
오소서, 모든 겸손한 자들의 마음에 찾아오소서.
오소서, 주님의 즐거움을 인생에 부으소서.
죄와 슬픔에서 저희를 해방시키시고
거룩한 성전이 되도록 만드소서.

오 늘 의 묵 상

January / **1월 15일**

성도는 성령으로 거룩해진 자다

주께서 사랑하시는 형제들아
우리가 항상 너희에 관하여 마땅히 하나님께 감사할 것은
하나님이 처음부터 너희를 택하사 성령의 거룩하게 하심과
진리를 믿음으로 구원을 받게 하심이니 (데살로니가후서 2:13)

성령님 오셔서, 주님의 사랑으로
죄를 씻는 힘을 부어주소서.
제 심령 주위를 맴도는 모든 잘못된
생각과 바람들을 제거해주소서.

오 늘 의 묵 상

January / 1월 16일

성도는 성령이 도우신다

그의 영광의 풍성함을 따라
그의 성령으로 말미암아 너희 속사람을
능력으로 강건하게 하시오며 (에베소서 3:16)

주의 은혜에 힘입어
우리는 오늘도 이 길을 걷습니다.
마침내 영생의 상급에 다다를
그날을 소망하며.

오 늘 의 묵 상

January / **1월 17일**

성도는 양자의 영을 받은 자다

너희는 다시 무서워하는 종의 영을 받지 아니하고
양자의 영을 받았으므로
우리가 아빠 아버지라고 부르짖느니라 (로마서 8:15)

양심이 확신하는 것은
내가 구주의 피로
하나님의 자녀가 되었으니
내 가슴에 증거자가 있노라.

오 늘 의 묵 상

January / 1월 18일

성도는 성령이 위로하신다

내가 아버지께로부터 너희에게 보낼 보혜사
곧 아버지께로부터 나오시는 진리의 성령이 오실 때에
그가 나를 증언하실 것이요 (요한복음 15:26)

유혹이 나를 덮치는
괴로운 때에
나의 죄를 고백하오니
좋으신 성령님, 저를 위로하소서.

오 늘 의 묵 상

January / 1월 19일

성도는 성령으로 인치심을 받은 자다

하나님의 성령을 근심하게 하지 말라
그 안에서 너희가 구원의 날까지
인치심을 받았느니라 (에베소서 4:30)

주님 금하여 주사
우리가 주의 손에서 받은 것에서
성령의 능력으로 자유롭게 하셔서
결코 성령님이 근심하지 않게 하소서.
부디 우리 믿음이 살아있어서
깨어 기도하도록 도와주시고
무관심으로 신령한 손님을
내쫓지 않게 하소서.

오 늘 의 묵 상

January / 1월 20일

성도는 성령의 인도를 받는 자다

그러나 진리의 성령이 오시면 그가 너희를
모든 진리 가운데로 인도하시리니
그가 스스로 말하지 않고 오직 들은 것을 말하며
장래 일을 너희에게 알리시리라 (요한복음 16:13)

주의 은밀한 가르치심은
구속해주시는 사랑의 신비를 깨닫게 한다.
세상의 공허함부터
천상의 찬란함까지.

오 늘 의 묵 상
_____
_____
_____
_____

January / **1월 21일**

성도는 사도들과 동일한 시민이 되었다

그러므로 이제부터 너희는 외인도 아니요
나그네도 아니요 오직 성도들과 동일한 시민이요
하나님의 권속이라 (에베소서 2:19)

혈연들과의 관계도 즐겁지만
그리스도와 연합한 친구들과의
좋은 관계만큼 즐겁지는 않다.
생수의 근원되신 주님과 함께
따로 또 연합하여 붙어있도다.

오 늘 의 묵 상

January / 1월 22일

성도는 믿음으로 사는 자다

내가 그리스도와 함께 십자가에 못 박혔나니
그런즉 이제는 내가 사는 것이 아니요
오직 내 안에 그리스도께서 사시는 것이라
이제 내가 육체 가운데 사는 것은 나를 사랑하사
나를 위하여 자기 자신을 버리신 하나님의 아들을 믿는
믿음 안에서 사는 것이라 (갈라디아서 2:20)

참혹한 십자가로 가까이 나아가니
예수님, 이 미천한 영혼이 찢어지는 듯합니다.
그리스도와 함께 죽고 함께 살기로 결심하오니
주님과 함께 수치와 고난을 당하겠습니다.
그 앞에 무릎을 꿇고 간절히 비오니
주님만 나의 주님이십니다.

오 늘 의 묵 상

_____

_____

_____

January / 1월 23일

성도는 하나님께 성별된 자다

형제들아 내가 법 아는 자들에게 말하노니
너희는 그 법이 사람이 살 동안만
그를 주관하는 줄 알지 못하느냐 (로마서 7:1)

저는 주님의 것, 온전히 그렇게 되길 원합니다.
이 제물을 받으소서.
주가 지으시고 지키시고 구원하신
저를 주께 바칩니다.

오 늘 의 묵 상

January / 1월 24일

성도는 소망으로 사는 자다

하나님의 사랑 안에서
자신을 지키며 영생에 이르도록
우리 주 예수 그리스도의 긍휼을 기다리라 (유다서 21절)

영광스런 소망으로 기뻐하라.
예수, 곧 심판주가 오시리니
그분의 종들을 일으켜서
영원한 처소로 이끄실 것이다.
기운을 내라, 목청을 높이라.
기뻐하라, 주가 성도들을 기쁨으로 채우시리라.

오 늘 의 묵 상

January / **1월 25일**

성도는 저주에서 해방된 자다

그러므로 이제 그리스도 예수 안에 있는 자에게는
결코 정죄함이 없나니 (로마서 8:1)

주의 사랑은 끝을 알 수 없는 심연입니다!
그 사랑이 나의 죄악들을 집어삼키고
내 불의를 덮었으니
이제 나는 정죄함에서 자유합니다.
예수님의 피가 땅과 하늘을 관통하는 동안
"은혜 한없는 은혜!"를 외칩니다.

오 늘 의 묵 상

January / 1월 26일

성도는 사탄의 세력에서 구원받았다

자녀들은 혈과 육에 속하였으매
그도 또한 같은 모양으로 혈과 육을 함께 지니심은
죽음을 통하여 죽음의 세력을 잡은 자
곧 마귀를 멸하시며 (히브리서 2:14)

성도들아 너희 눈물을 닦으라.
우리의 위대한 구원자가 저 높이 좌정하시니
노래하라, 그가 지옥의 무리들을 멸하시고
죽음의 폭군에게 족쇄를 채우셨도다.

오 늘 의 묵 상

January / 1월 27일

성도는 모든 잘못에서 건짐을 받았다

이스라엘아 여호와를 바랄지어다
여호와께서는 인자하심과 풍성한 속량이 있음이라
그가 이스라엘을 그의 모든
죄악에서 속량하시리로다 (시편 130:7,8)

나 이곳에 견고히 서리니
내 심장이 멈추고 몸이 썩는다 해도
이 닻이 내 영혼을 지탱해줄 것이다.
땅의 기초가 녹아 없어질 때
영원한 사랑을 입은 나는
은혜의 완전한 능력을 증명해보이리라.

오 늘 의 묵 상

_____

_____

_____

January / 1월 28일

성도는 모든 원수에게서 건짐을 받았다

주께서 나를 내 원수들에게서 구조하시니
주께서 나를 대적하는 자들의 위에
나를 높이 드시고
나를 포악한 자에게서 건지시나이다 (시편 18:48)

원수들이 우리를 둘러 진 친다 해도
우리는 땅의 경계에 선다.
하나님의 은총이신 아들 예수께서
우리가 겁내지 않고 나아가도록 도우시니
기꺼이 우리는 이 광야를 통과해
앞으로 계속 걸어가리라.

오 늘 의 묵 상
_____
_____
_____
_____

January / **1월 29일**

성도는 구원을 누리는 자다

너희가 전에는 백성이 아니더니
이제는 하나님의 백성이요
전에는 긍휼을 얻지 못하였더니
이제는 긍휼을 얻은 자니라 (베드로전서 2:10)

위에 것들을 얻기 위한
거룩한 싸움으로 충만하자.
값없이 얻은 영원한 사랑의 열매,
그 달콤한 구원을 위해서.

오 늘 의 묵 상
_____
_____
_____
_____

January / 1월 30일

하나님은 성도의 구원을 보존해주신다

너희는 말세에 나타내기로 예비하신
구원을 얻기 위하여 믿음으로 말미암아
하나님의 능력으로 보호하심을 받았느니라 (베드로전서 1:5)

하나님의 능력이 성도를
온전한 구원에 이를 때까지 지켜주시니
그리스도가 우리를 집으로 오라하실 때까지
이곳에서 믿음으로 나그네 길을 걷겠네.

오 늘 의 묵 상

January / 1월 31일

성도는 천국을 향해가는 순례자다

그들이 이제는 더 나은 본향을 사모하니
곧 하늘에 있는 것이라 이러므로
하나님이 그들의 하나님이라 일컬음 받으심을
부끄러워하지 아니하시고 그들을 위하여
한 성을 예비하셨느니라 (히브리서 11:16)

이는 진리니, 우리는 이 땅에서
이방인이자 나그네라는 것이다.
셀 수 없는 덫과 위험이
우리가 가는 길을 에워싸고
고통과 괴로움을 준다 해도,
우리의 안식처가 천국에 있으니
그 사랑의 나라에 이를 때까지
앞을 향하여 계속 걸어가리라.

오 늘 의 묵 상

02
February

구원의 증거

February / **2월 1일**

최고의 사랑을 하나님께 바치다

어떤 율법교사가 일어나 예수를 시험하여 이르되
선생님 내가 무엇을 하여야 영생을 얻으리이까
대답하여 이르되 네 마음을 다하며 목숨을 다하며
힘을 다하며 뜻을 다하여 주 너의 하나님을 사랑하고 또한
네 이웃을 네 자신같이 사랑하라 하였나이다 (누가복음 10:25,27)

축복의 하나님, 당신을 사랑합니다!
아버지의 선하심이 그 이름을 증거하시니
높은 곳에 거하시는 당신을 찬미합니다.
하늘의 영들도 즐거움으로 외쳐 부릅니다.

오 늘 의 묵 상

February / 2월 2일

하나님께 영광 돌리다

그중의 한 사람이 자기가 나은 것을 보고
큰 소리로 하나님께 영광을 돌리며 돌아와 (누가복음 17:15)

내가 주님께 빚진 감사와 사랑이
한도 없이 끝도 없이 쌓입니다.
이 지상에서의 삶이 끝나는 날
저 천국에 메아리칠 것입니다.

오 늘 의 묵 상

_____
_____
_____
_____

February / **2월 3일**

마음으로 순종하다

하나님께 감사하리로다 너희가 본래 죄의 종이더니
너희에게 전하여준 바 교훈의 본을 마음으로 순종하여
죄로부터 해방되어 의에게 종이 되었느니라 (로마서 6:17,18)

사랑은 참된 순종이 흐르는 샘이니,
그리스도인은 하나님을 섬기며
하나님을 사랑하는 자로다.

오 늘 의 묵 상

February / 2월 4일

하나님께 복종하다

또 우리 육신의 아버지가 우리를 징계하여도
공경하였거든 하물며 모든 영의 아버지께
더욱 복종하며 살려 하지 않겠느냐 (히브리서 12:9)

어둠이 육신의 눈을 가릴 때
떨리는 영혼이여 잠잠할지어다.
아직 눈물과 신비에 덮여있을 때
주의 지혜, 주의 거룩한 지혜를 기다려라.
나는 주님의 의도를 알지 못하나
주가 다스리시니 모든 게 잘될 것이다.

오 늘 의 묵 상

February / **2월 5일**

예수께서 그리스도이심을 믿다

예수께서 그리스도이심을 믿는 자마다
하나님께로부터 난 자니 또한 낳으신 이를 사랑하는 자마다
그에게서 난 자를 사랑하느니라 (요한일서 5:1)

주여, 천국의 말씀을 내가 믿사오니
기꺼이 내 영혼이 소생될 것과,
주께서 내 죄를 사하시고
정복하셨음을 믿나이다.
주의 은혜의 힘이 드러나
죄와 죽음의 지배가 그치고
약속하신 대로 저를 구해주셔서
저의 작은 믿음이 헛되지 않게 하소서.

오 늘 의 묵 상

February / 2월 6일

그리스도를 사랑하다

아버지나 어머니를 나보다 더 사랑하는 자는
내게 합당하지 아니하고 아들이나 딸을 나보다 더
사랑하는 자도 내게 합당하지 아니하며 (마태복음 10:37)

땅 아래 내가 누구를 가지겠습니까?
제가 아는 주님 외에 누가 있겠습니까.
하늘 위에 주밖에 누구를 가지겠습니까?
주님만이 제가 가진 전부입니다.

오 늘 의 묵 상
_____
_____
_____

February / **2월 7일**

그리스도를 위해 자기를 부인하다

**또 무리에게 이르시되 아무든지 나를 따라오려거든
자기를 부인하고 날마다 제 십자가를 지고
나를 따를 것이니라** (누가복음 9:23)

너의 십자가를 지라.
그 무게가 네 연약한 마음을
불안으로 채우지 않게 하라.
주의 힘이 너를 일으켜
네 마음을 단단히 하고
약한 팔에 용기를 더하리라.
네 십자가를 지고 주를 따르라.
그것을 내려놓을 생각도 말고
죽는 날까지 십자가를 참는 자만이
영광스런 면류관을 얻을 소망이 있다.

오 늘 의 묵 상

February / **2월 8일**

그리스도를 시인하다

누구든지 예수를 하나님의 아들이라
시인하면 하나님이 그의 안에 거하시고
그도 하나님 안에 거하느니라 (요한일서 4:15)

여기 둘러선 모든 가련한 죄인들에게 말하리라.
내가 찾은 구주가 얼마나 놀라운지를.
구속의 보혈을 가리켜 외치리니
"보라, 이 길만이 하나님께 이르는 길이로다."

오 늘 의 묵 상

February / **2월 9일**

그리스도께 헌신하다

우리가 살아도 주를 위하여 살고 죽어도 주를 위하여 죽나니
그러므로 사나 죽으나 우리가 주의 것이로다 (로마서 14:8)

나의 영혼과 내 모든 힘을
주님께 온전히 드립니다.
내 모든 행복한 시간도 주께 바칩니다.
내가 무엇을 가졌고 내가 누구든지 간에
구주의 이름을 널리 전하겠습니다.

오 늘 의 묵 상

February / 2월 10일

그리스도를 닮아가다

**내가 너희에게 행한 것 같이
너희도 행하게 하려 하여 본을 보였노라** (요한복음 13:15)

주의 합당한 본을 따라가리니
저에게 마땅한 길을 가르치소서.
변화시키시는 은혜로 저를 만드소서.
구주여, 날마다 주를 더욱 닮게 하소서.

오 늘 의 묵 상

February / **2월 11일**

그리스도를 가장 소중히 여기다

성경에 기록되었으되 보라
내가 택한 보배로운 모퉁잇돌을 시온에 두노니
그를 믿는 자는 부끄러움을 당하지 아니하리라 하였으니
그러므로 믿는 너희에게는 보배이나 (베드로전서 2:6,7a)

예수님의 이름 안에서 내 눈이 영광을 봅니다!
주님은 천사들의 가장 감미로운 주제가시며
하늘의 경이입니다.
주님의 다정하고 자상한 지배 안에서
우리가 자원하는 심정으로 고백하게 하소서.
비할 데 없는 은혜에 기쁨으로 포로 되어
주님의 의로운 통치 앞에 복종합니다.

오 늘 의 묵 상

February / **2월 12일**

그리스도의 영을 소유하다

만일 너희 속에 하나님의 영이 거하시면
너희가 육신에 있지 아니하고 영에 있나니
누구든지 그리스도의 영이 없으면
그리스도의 사람이 아니라 (로마서 8:9)

우리로 새 피조물이 되게 하신 주님,
우리로 주님의 영을 증거하게 하소서.
우리 영혼이 주님의 처소가 되게 하셔서
구주의 사랑을 널리 널리 전하게 하소서.

오 늘 의 묵 상

February / **2월 13일**

성령으로 인도함을 받다

무릇 하나님의 영으로 인도함을 받는 사람은
곧 하나님의 아들이라 (로마서 8:14)

저희를 거룩이라는 길로 이끄소서.
하나님과 함께 거하기 위해 택해야 할 그 길로.
저희를 그리스도라는 생명의 길로 이끄소서.
주의 초장에서 벗어나 방황치 말게 하소서.
저희를 하나님이라는 마지막 안식처로 이끄소서.
주의 기쁨 안에 있는 것이 복입니다.
저희를 천국이라는 행복의 처소로 이끄소서.
완벽한 기쁨이 있는 그곳으로.

오 늘 의 묵 상

February / 2월 14일

죄를 자각하다

주의 진노로 말미암아 내 살에 성한 곳이 없사오며
나의 죄로 말미암아 내 뼈에 평안함이 없나이다
내 죄악이 내 머리에 넘쳐서 무거운 짐 같으니
내가 감당할 수 없나이다 (시편 38:3,4)

주여 믿음의 기도를 들으소서.
주께 달린 제 영혼, 죽음에서
건져주지 아니하십니까?
제게는 다른 피난처가 없으니
다만 주께서 날 위해 고난당하사
전에 예비하신 그곳으로 피하나이다.

오 늘 의 묵 상

February / **2월 15일**

죄를 회개하다

하나님의 뜻대로 하는 근심은 후회할 것이 없는
구원에 이르게 하는 회개를 이루는 것이요
세상 근심은 사망을 이루는 것이니라 (고린도후서 7:10)

주의 법과 주의 은혜를 저버린 죄를
고하는 나의 입술이 참으로 부끄럽습니다.
오호라, 주님의 심판이 가혹하다면
나는 정죄받을 것이나,
주의 용서를 구합니다.

오 늘 의 묵 상

February / 2월 16일

죄를 미워하다

하나님께로부터 난 자마다 죄를 짓지 아니하나니
이는 하나님의 씨가 그의 속에 거함이요
그도 범죄하지 못하는 것은
하나님께로부터 났음이라 (요한일서 3:9)

오! 주여, 죄라면 몸서리치는
부드러운 심령을 주옵소서.
죄가 들어오는 것에 대한 경건한 두려움이
내 안에 심겨져 깊이 뿌리내리게 하소서.

오 늘 의 묵 상
_____
_____
_____
_____

February / **2월 17일**

죄와 씨름하다

그리스도 예수의 사람들은 육체와 함께
그 정욕과 탐심을 십자가에 못 박았느니라 (갈라디아서 5:24)

위대하신 하나님, 이 싸움에서 도와주소서.
주의 능력으로 제가 승리하게 하소서.
낙담한 마음을 일으켜주사
승리를 얻어 주께 찬양을 돌리게 하소서.

오 늘 의 묵 상

February / 2월 18일

자기 의를 버리다

또한 모든 것을 해로 여김은
내 주 그리스도 예수를 아는 지식이
가장 고상하기 때문이라
내가 그를 위하여 모든 것을 잃어버리고
배설물로 여김은 그리스도를 얻고 (빌립보서 3:8)

주님께만 내 희망이 있습니다.
나의 주님, 나의 구주여
나의 삶과 목숨과 내 모든 것을
십자가 아래에 내려놓나이다.

오 늘 의 묵 상
_____
_____
_____

February / **2월 19일**

믿음으로 세상을 이기다

무릇 하나님께로부터 난 자마다 세상을 이기느니라
세상을 이기는 승리는 이것이니
우리의 믿음이니라 (요한일서 5:4)

세상과 지옥을 정복하는 것은 믿음이니
하늘의 능력이로다.
결정적인 때에 승리하는 것은 은혜로다.

오 늘 의 묵 상

February / 2월 20일

세상을 사랑하지 않음

이 세상이나 세상에 있는 것들을 사랑하지 말라
누구든지 세상을 사랑하면 아버지의 사랑이
그 안에 있지 아니하니 (요한일서 2:15)

이 땅의 한심한 향락을
왜 그토록 즐겁고 소중한 것으로 여겨
우리의 마음을 유혹에 빠뜨리는가?
최고의 기쁨을 주던 것도 빠르게 사라지고
아무리 긴 인생도 곧 과거가 될 것이니,
우리가 결국 천국에 가는 거라면
이 땅에 머무르길 바랄 필요가 없지 않은가.

오 늘 의 묵 상

February / **2월 21일**

영을 추구하는 마음

육신을 따르는 자는 육신의 일을,
영을 따르는 자는 영의 일을 생각하나니 (로마서 8:5)

세상적인 마음은 세상을 추구하지만
내게 세상은 전혀 매력이 없다.
나도 한때는 그 하찮은 것들을 동경했지만
은혜가 나를 자유롭게 했다.

오 늘 의 묵 상

February / 2월 22일

천국을 추구하는 마음

그러나 우리의 시민권은 하늘에 있는지라
거기로부터 구원하는 자
곧 주 예수 그리스도를 기다리노니 (빌립보서 3:20)

시간과 공간의 경계 너머
성도들이 안전히 거하는
저 천국을 고대하오니,
믿음의 강한 독수리 날개가
솟구쳐 저 하늘을 향해 길을 내고
하나님의 능력 안에서 강하게 하소서.

오 늘 의 묵 상

February / **2월 23일**

사랑의 강권함을 받다

그리스도의 사랑이 우리를 강권하시는도다
우리가 생각하건대 한 사람이 모든 사람을
대신하여 죽었은즉 모든 사람이 죽은 것이라
그가 모든 사람을 대신하여 죽으심은
살아 있는 자들로 하여금 다시는 그들 자신을 위하여
살지 않고 오직 그들을 대신하여 죽었다가
다시 살아나신 이를 위하여
살게 하려 함이라 (고린도후서 5:14,15)

내 마음 전부를, 나의 모든 날들을
오직 주만 찬양하는 데 바칩니다.
내가 얼마나 큰 빚을 졌는지,
얼마나 주를 사랑하는지를
내 기쁨의 순종이 증명하게 하소서.

오 늘 의 묵 상

February / **2월 24일**

진리의 영으로 알다

우리는 하나님께 속하였으니
하나님을 아는 자는 우리의 말을 듣고
하나님께 속하지 아니한 자는 우리의 말을 듣지 아니하나니
진리의 영과 미혹의 영을 이로써 아느니라 (요한일서 4:6)

주의 말씀으로 내 발걸음을 명하시고
내 심령을 진실하게 하셔서,
주여, 죄가 나를 장악하지 못하게 하시고
내 양심을 깨끗하게 지켜주소서.

오 늘 의 묵 상

F e b r u a r y / **2월 25일**

진리 안에서 인내하다

그들이 우리에게서 나갔으나 우리에게 속하지 아니하였나니
만일 우리에게 속하였더라면 우리와 함께 거하였으려니와
그들이 나간 것은 다 우리에게
속하지 아니함을 나타내려 함이니라 (요한일서 2:19)

시온의 길에서 벗어나
되돌아가려 할 때마다
(얼마나 자주 그랬던지!)
'너도 인자를 버리려느냐?' 하셨던
구주의 목소리를 기억하게 하소서.

오 늘 의 묵 상

February / 2월 26일

말씀을 사모하다

그러므로 내가 주의 계명들을 금
곧 순금보다 더 사랑하나이다
주의 증거들은 놀라우므로
내 영혼이 이를 지키나이다 (시편 119:127,129)

나의 지식, 사랑, 기쁨이
눈앞에 펼쳐져 있으니
이는 티 없는 정금이고
거룩하게 빛나는 보석이로다.

오 늘 의 묵 상

February / **2월 27일**

원수를 사랑하다

오직 너희는 원수를 사랑하고 선대하며
아무것도 바라지 말고 꾸어 주라
그리하면 너희 상이 클 것이요
또 지극히 높으신 이의 아들이 되리니
그는 은혜를 모르는 자와
악한 자에게도 인자하시니라 (누가복음 6:35)

주께서 보이신 본이 밝게 빛나니
내 눈앞에서 허사겠습니까?
주와 같은 영혼을 나에게도 주셔서
원수를 사랑하게 하소서.

오 늘 의 묵 상

February / **2월 28일**

형제를 사랑하다

사랑하는 자들아 우리가 서로 사랑하자
사랑은 하나님께 속한 것이니 사랑하는 자마다
하나님으로부터 나서 하나님을 알고 (요한일서 4:7)

그리스도의 사랑 안에서 하나로 묶인
우리 심령은 복되도다.
주 안에서 누리는 형제자매의 교제는
천상의 교제와 같도다.

오 늘 의 묵 상
_____
_____
_____
_____

February / **2월 29일**

양심이 증거하다

이로써 우리가 진리에 속한 줄을 알고
또 우리 마음을 주 앞에서 굳세게 하리니
사랑하는 자들아 만일 우리 마음이
우리를 책망할 것이 없으면
하나님 앞에서 담대함을 얻고 (요한일서 3:19,21)

주께 입양된 은총을 누리며
새로 태어난 무리들은 얼마나 행복한가!
이들이 누리는 행복은 얼마나 순수한가!
세상과 그 모든 눈들에게는 가리워졌으나
그들의 마음속에 축복이 놓여있고
양심만이 이를 느낀다.

오 늘 의 묵 상

03
March

엄청난
특권을
가진 우리들

March / **3월 1일**

하나님은 성도의 해와 방패시다

여호와 하나님은 해요 방패이시라
여호와께서 은혜와 영화를 주시며
정직하게 행하는 자에게
좋은 것을 아끼지 아니하실 것임이니이다 (시편 84:11)

주님이 나의 방패 나의 태양이시면
나에게 밤은 어둠이 아닙니다.
나의 순간이 신속히 지나가니
그로써 주께 더 가까이 갈 뿐입니다.

오 늘 의 묵 상

March / 3월 2일

하나님은 성도의 분깃이시다

**하나님은 내 마음의 반석이시오
영원한 분깃이시라** (시편 73:26b)

주의 한량없는 은혜가 내 모든 필요를 채울 것이다.
피조물들에게 주시는 위로의 물줄기가 끊어질 때는
주께서는 선의로 못한 것들을 허락지 아니하심이니
더 좋은 축복이 주어지기 위함이로다.

오 늘 의 묵 상

March / **3월 3일**

하나님은 성도의 피난처시다

하나님은 우리의 피난처시요 힘이시니
환난 중에 만날 큰 도움이시라
그러므로 땅이 변하든지 산이 흔들려
바다 가운데에 빠지든지 (시편 46:1,2)

하나님은 환난 중에 만날 피난처
위험 가운데 나타날 도움
주 안에서는 두렵지 않을 거라고 확신하네.
비록 땅의 중심이 요동치고
바다가 산을 삼켜
사나운 물결에 쪼개질지라도.

오 늘 의 묵 상

March / 3월 4일

하나님은 성도의 인도자시다

**이 하나님은 영원히 우리 하나님이시니
그가 우리를 죽을 때까지 인도하시리로다** (시편 48:14)

그대는 은혜에서 영광으로 신속히 가라.
믿음으로 무장하고 기도로 날개를 달고
천국의 영원한 날들이 그대 앞에 있으니
하나님은 그분의 손으로 그대를 천국으로 인도하리라.

오 늘 의 묵 상

March / **3월 5일**

하나님은 성도의 영광이시다

여호와여 주는 나의 방패시요
나의 영광이시요
나의 머리를 드시는 자이시니이다 (시편 3:3)

주의 은혜로 나를 가만히 에워싸소서.
든든한 방어벽처럼
내 영혼을 모든 악으로부터 지켜주소서.
주권적 사랑으로 든든히 지키소서.

오 늘 의 묵 상

March / 3월 6일

모든 축복은 그리스도에게서 나온다

만물이 다 너희 것임이라 바울이나 아볼로나 게바나
세계나 생명이나 사망이나 지금 것이나 장래 것이나
다 너희의 것이요 너희는 그리스도의 것이요
그리스도는 하나님의 것이니라 (고린도전서 3:21b-23)

그리스도여, 주가 나의 것임을 내가 확신하게 하소서.
이밖에는 더 바랄 것이 없습니다.
모든 물줄기가 말라버린다 해도
내 영혼에는 생명의 원천이 있습니다.

오 늘 의 묵 상

March / **3월 7일**

모든 축복은 그리스도 안에 속했다

찬송하리로다 하나님 곧 우리 주
예수 그리스도의 아버지께서
그리스도 안에서 하늘에 속한
모든 신령한 복을 우리에게 주시되 (에베소서 1:3)

거룩한 사랑의 풍성함이여!
무궁무진하게 쌓여있도다!
구주여, 주를 나의 것이라 불러도 될까요?
이에서 더 바랄 수도 없나이다.

오 늘 의 묵 상

March / 3월 8일

그리스도를 통해 죄사함을 얻었다

그 아들 안에서 우리가 속량
곧 죄 사함을 얻었도다 (골로새서 1:14)

하나님의 어린양, 그 보배로운 피
결코 그 힘을 빼앗기지 않으리.
하나님의 교회가 모두 구속함을 받아
구원 받고 더 이상 죄를 범치 아니할 때까지.

그 후에 나는 믿음으로 개울을 보았네.
주의 상처에서 나온 보혈이 흐르는.
내가 죽는 날까지
구속하신 사랑이 나의 주제로다.

오 늘 의 묵 상

_____

_____

_____

March / **3월 9일**

그리스도에게서 의롭다 함을 얻다

그리스도 예수 안에 있는 속량으로 말미암아
하나님의 은혜로 값없이 의롭다 하심을
얻은 자 되었느니라 (로마서 3:24)

주의 의로우심밖에는 다른 의가 없네.
주의 피 외에는 다른 속량이 없네.
우리가 아버지의 이름을 부르는 동안에는
우리 믿음이 무엇보다 그리스도께 간청하도다.

오 늘 의 묵 상

March / 3월 10일

그리스도를 통해 화해하게 되었다

곧 우리가 원수 되었을 때에
그의 아들의 죽으심으로 말미암아
하나님과 화목하게 되었은즉
화목하게 된 자로서는
더욱 그의 살아나심으로 말미암아
구원을 받을 것이니라 (로마서 5:10)

사랑하고, 노래하고, 놀라워하라.
구주의 이름을 찬미하자.
주는 율법의 큰 천둥소리를 잠잠하게 하셨다.
시내산의 불꽃을 꺼뜨리시고
보혈로 우리를 씻으셨다.
우리를 하나님께로 가까이 데려다주셨다.

오 늘 의 묵 상
_____
_____
_____
_____

March / **3월 11일**

그리스도를 통해 입양되었다

영접하는 자 곧 그 이름을 믿는 자들에게는
하나님의 자녀가 되는 권세를 주셨으니 (요한복음 1:12)

남들일랑 그들의 옛 계보
길고도 대단한 계승을 뽐내며
자랑스런 명단을 보며 영웅을 자랑하고
군주들은 나라를 확장시키라.
왕 중 왕의 후손인 각 성도들은
한층 더 고귀한 칭호를 노래할 것이니.

오 늘 의 묵 상

March / 3월 12일

주 안에 안식처가 있다

수고하고 무거운 짐 진 자들아
다 내게로 오라
내가 너희를 쉬게 하리라 (마태복음 11:28)

예수님의 말씀을 따라
우리 믿음과 소망이 굳건해질 것이다.
주의 신실하심에 기대어
주 안에서 안식처를 찾으리.

오 늘 의 묵 상
_____
_____
_____
_____

March / 3월 13일

주 안에 있는 것은 안전하다

내가 그들에게 영생을 주노니
영원히 멸망하지 아니할 것이요
또 그들을 내 손에서 빼앗을 자가 없느니라 (요한복음 10:28)

"셀 수 없는 행복한 세월 들을
내 양에게 주리라
나의 왕좌가 흔들림 없이 서있을 동안에는
모든 택한 자들이 살 것이다."

충분합니다, 나의 은혜로운 주여.
믿음이 승리를 외치게 하소서
내 가슴은 이 약속에 살 수 있고
이 약속에 죽을 수 있습니다.

오 늘 의 묵 상

March / **3월 14일**

그리스도를 통해 강해지다

**내게 능력 주시는 자 안에서
내가 모든 것을 할 수 있느니라** (빌립보서 4:13)

저는 모든 것을 할 수 있고, 견딜 수 있습니다.
내 주님이 가까우시다면
이 모든 고난을 견딜 수 있습니다.
주가 왼팔로 내 머리를 붙드시는 동안
고통에 감미로운 즐거움이 합쳐지리라.

오 늘 의 묵 상

March / **3월 15일**

그리스도를 통한 영적 자유를 얻다

그러므로 아들이 너희를 자유롭게 하면
너희가 참으로 자유로우리라 (요한복음 8:36)

그리스도가 주신 자유는 달콤하니
주가 백성을 자유롭게 하신다.
인간이 알 수 없는 자유다.
위대한 구원을 그들이 목격할 때까지는.

오 늘 의 묵 상

March / 3월 16일

그리스도를 통해
위로를 얻다

우리 주 예수 그리스도와
우리를 사랑하시고 영원한 위로와
좋은 소망을 은혜로 주신
하나님 우리 아버지께서 (데살로니가후서 2:16)

매섭고 거센 모든 어려움 속에서도
내 마음은 예수님께로 날아갑니다.
주께 단단히 닻을 내렸으니
물결이 높이 일어날 때도 똑같습니다.

오 늘 의 묵 상
_____
_____
_____
_____

March / 3월 17일

그리스도를 통해
하나님과 평화를 누리다

그러므로 우리가 믿음으로 의롭다 하심을 받았으니
우리 주 예수 그리스도로 말미암아
하나님과 화평을 누리자 (로마서 5:1)

이제는 불길 같은 복수
타오르는 진노 내려오지 않으리.
재판관이 죄인의 피를 요구한다면
구주께서는 그분의 피를 보이시리라.

오 늘 의 묵 상

March / **3월 18일**

그리스도를 통해
하나님께 나아갈 수 있다

우리가 그 안에서 그를 믿음으로 말미암아
담대함과 확신을 가지고
하나님께 나아감을 얻느니라 (에베소서 3:12)

은혜의 보좌로 담대히 나아가자.
그곳에서 예수님이 간청하시니
예수님께서 중보하시는 동안에는
어떤 것도 절망적인 일은 없다.

오 늘 의 묵 상

March / **3월 19일**

그리스도를 통해
승리를 얻다

우리 주 예수 그리스도로 말미암아
우리에게 승리를 주시는 하나님께 감사하노니 (고린도전서 15:57)

구속하신 주의 힘 안에서 우리는 강하다.
죄와 죽음, 지옥을 우리는 짓밟는다.
선한 싸움을 싸우자, 끝내 이기자.
주의 자비, 영원한 면류관으로.

오 늘 의 묵 상

March / 3월 20일

성령은 성도 안에 거하신다

너희는 너희가 하나님의 성전인 것과
하나님의 성령이 너희 안에 계시는 것을
알지 못하느냐 (고린도전서 3:16)

성령님이 그대 안에 거하심을 생각하라.
하늘 아버지의 미소가 그대 것임을 생각하라.
예수님께서 그대를 얻으려고 죽으셨음을 생각하라.
천국의 자녀가 불평할 수 있을까?

오 늘 의 묵 상

March / **3월 21일**

성령은 성도를 위해 중보하신다

이와 같이 성령도 우리의 연약함을 도우시나니
우리는 마땅히 기도할 바를 알지 못하나
오직 성령이 말할 수 없는 탄식으로
우리를 위하여 친히 간구하시느니라 (로마서 8:26)

순수한 헌신의 열정이여 솟아오르라.
모든 거룩한 느낌이 빛을 내게 하라.
황홀한 하늘이 그 아래의
우리 차가운 심장을 불붙게 하라.
활기를 주시는 성령이여 오시옵소서.
우리 가슴이 주가 늘 거하시는 집으로 만드소서.

오 늘 의 묵 상

March / 3월 22일

성도는 성령으로 거룩해진다

**곧 하나님 아버지의 미리 아심을 따라
성령이 거룩하게 하심으로 순종함과
예수 그리스도의 피 뿌림을 얻기 위하여
택하심을 받은 자들에게 편지하노니
은혜와 평강이 너희에게 더욱 많을지어다** (베드로전서 1:2)

신성한 능력이 완고한 자들을
굴복시키는 데 미치지 못할까?
영원한 성령이여,
우리 심령을 새롭게 빚으소서.
주가 고난받으심을 기억하여
그들이 주 앞에 일어나게 하소서.
이성이 어두워진 눈에서
속이는 저울추가 떨어지게 하소서.

오 늘 의 묵 상

March / **3월 23일**

성령의 열매를 얻다

오직 성령의 열매는 사랑과 희락과 화평과
오래 참음과 자비와 양선과 충성과 온유와 절제니
이 같은 것을 금지할 법이 없느니라 (갈라디아서 5:22,23)

하나님은 땅을 예비하시고
성령님은 씨를 뿌리신다.
모든 즐거운 열매가 맺히니
주의 손이 보살피심이다.

오 늘 의 묵 상

_____

_____

_____

March / 3월 24일

거룩해진 자들은 유산을 받는다

지금 내가 여러분을 주와 및
그 은혜의 말씀에 부탁하노니
그 말씀이 여러분을 능히 든든히 세우사
거룩하게 하심을 입은 모든 자 가운데
기업이 있게 하시리라 (사도행전 20:32)

우리는 이 땅에서 신속히 없어질 것이다.
대대로 살던 산으로부터도.
하지만 위에 우리 아버지의 집이 있다.
천사들과 하나님의 궁정이 있다.

오 늘 의 묵 상

March / 3월 25일

은혜가 점점 늘어나다

의인은 종려나무같이 번성하며
레바논의 백향목같이 성장하리로다
그는 늙어도 여전히 결실하며
진액이 풍족하고 빛이 청청하니 (시편 92:12,14)

주님, 한 가지 원하는 것은
더욱 더 거룩하게 하소서.
주님의 생각과 형상을 간절히 더 원합니다.
위에 있는 가나안을 향하여
앞으로 나아갈 때에 오소서.
저희를 거룩함으로 채우시고
사랑으로 가득하게 하소서.

오 늘 의 묵 상

March / 3월 26일

변치 않는 은혜

그러므로 의인은 그 길을 꾸준히 가고
손이 깨끗한 자는 점점 힘을 얻느니라 (욥기 17:9)

거룩한 빛으로 복을 받은 의인은
그들의 길에서 번성하리라.
더 빛나게 빛나게 밝게 비추리.
영광의 완벽한 날을 향하여.

오 늘 의 묵 상

March / 3월 27일

기도에 대한 확신

**그를 향하여 우리가 가진 바 담대함이 이것이니
그의 뜻대로 무엇을 구하면 들으심이라** (요한일서 5:14)

사람을 위해 보증이 되시는 주가 서계신다.
주가 보배로운 피를 이 땅 위에 쏟으셨다.
천국에서 주의 전능한 계획이 계속된다.
사람의 친구 되신 구주.

그럼으로 담대하게 보좌로 나아가
우리의 모든 슬픔을 알리자.
천국의 힘과 도움을 구하자.
악에 빠진 우리를 건져달라고.

오 늘 의 묵 상

March / 3월 28일

어려움 중에도 견딜 수 있는 힘

여호와께서 환난 날에 나를
그의 초막 속에 비밀히 지키시고
그의 장막 은밀한 곳에 나를 숨기시며
높은 바위 위에 두시리로다 (시편 27:5)

무서운 시험의 때에도
나의 모든 것을 하나님께 맡기고 믿네.
주의 홀 아래 모두 물러나 절하라.
주가 비축하신 힘을 찬미하라.
환난 중에 솟아나는 기쁨이자
광야의 샘물이다.

오 늘 의 묵 상
_____
_____
_____
_____

March / 3월 29일

모든 것이 합력하여 선을 이룬다

우리가 알거니와 하나님을 사랑하는 자
곧 그의 뜻대로 부르심을 입은 자들에게는
모든 것이 합력하여 선을 이루느니라 (로마서 8:28)

하나님은 기름 부은 자를 지키시리.
그들은 해를 당하지도, 정죄받지도 않을 것이다.
그들이 받는 모든 시험은 정해져있으니
그들의 선을 위해 사용될 것이다.
천국의 면류관을 위해
모두가 그를 도울 것이다.

오 늘 의 묵 상

March / 3월 30일

성도는 마음의 평화를 누린다

주께서 심지가 견고한 자를
평강하고 평강하도록 지키시리니
이는 그가 주를 신뢰함이니이다 (이사야 26:3)

구주여, 저는 이 땅에 살 때에
슬픔이 모두 그쳐야 한다고 바라지 않습니다.
만일 그것이 저의 운명이거든
오직 저로 주님 안에서 평안을 얻게 하소서.

오 늘 의 묵 상
_____
_____
_____
_____

March / **3월 31일**

평안 가운데 죽다

온전한 사람을 살피고
정직한 자를 볼지어다
모든 화평한 자의 미래는 평안이로다 (시편 37:37)

의인의 죽음은 얼마나 복된가!
지친 영혼이 쉼을 얻고자 가라앉을 때
감기는 눈꺼풀 위로 온화한 눈빛과
가만히 오르내리는 숨이 멎어가는 가슴!

생의 수고가 끝나고 흙으로 돌아갈 때
그가 싣고 있던 영이 빠져나온 빛.
하늘과 땅이 동시에 외치니,
"의인의 죽음은 얼마나 복된가!"

오 늘 의 묵 상

04
April

이 땅에서
마쳐야 할
선한 일

April / **4월 1일**

마쳐야 할 선한 일

이 말이 미쁘도다 원하건대 너는
이 여러 것에 대하여 굳세게 말하라
이는 하나님을 믿는 자들로 하여금 조심하여
선한 일을 힘쓰게 하려 함이라
이것은 아름다우며 사람들에게 유익하니라 (디도서 3:8)

무엇에나 고상하고, 순수하고, 정결하며,
옳고, 관대하고, 상냥하며, 친절하라.
이것들은 내가 늘 생각하는 것들이자
사랑하며 실천하고자 하는 것이라.

오 늘 의 묵 상

April / **4월 2일**

하나님의 영광을 위해 마쳐야 할 선한 일

그런즉 너희가 먹든지 마시든지 무엇을 하든지
다 하나님의 영광을 위하여 하라 (고린도전서 10:31)

공의로우신 예수 그리스도를 통해
나의 희미한 소망이 받아들여지니
주의 선하심을 믿으며
주의 영광을 위해 살게 하소서.

오 늘 의 묵 상

April / **4월 3일**

그리스도의 본을 따라
마쳐야 할 선한 일

그의 안에 산다고 하는 자는
그가 행하시는 대로
자기도 행할지니라 (요한일서 2:6)

하늘 아버지의 뜻을 행하는 것이
주님의 사역이자 기쁨이 되었으니
그의 겸손과 거룩한 열정이
주의 삶에서 거룩하게 빛났도다.

오 늘 의 묵 상

April / **4월 4일**

그리스도의 은혜로 마쳐야 할 선한 일

평강의 하나님이 모든 선한 일에 너희를 온전하게 하사
자기 뜻을 행하게 하시고 그 앞에 즐거운 것을
예수 그리스도로 말미암아 우리 가운데서
이루시기를 원하노라 영광이 그에게
세세무궁토록 있을지어다 아멘 (히브리서 13:20b,21)

무엇이든 주를 기쁘시게 하는 일이라면
주의 가장 부요한 은혜의 도구로써
순수한 즐거움으로 행하세.
주님은 모든 충고를 다 해주셨으니
주께, 그리고 동등하신 아들께
영원한 찬양을 돌리세.

오 늘 의 묵 상

_____
_____
_____

April / **4월 5일**

그리스도의 이름으로 마쳐야 할 선한 일

또 무엇을 하든지 말에나 일에나
다 주 예수의 이름으로 하고
그를 힘입어 하나님 아버지께 감사하라 (골로새서 3:17)

무엇을 말하든 행하든
주님의 영광이 나의 목표이니
나의 헌납이 주의 복된 이름 통해
모두 드려지길 원하네.

오 늘 의 묵 상

April / **4월 6일**

점차 빨라지는 시간

또한 너희가 이 시기를 알거니와
자다가 깰 때가 벌써 되었으니
이는 이제 우리의 구원이
처음 믿을 때보다 가까웠음이라 (로마서 13:11)

이 땅에서의 시간이 짧으나
얼마나 짧은지 그 누가 알려줄 수 있겠는가?
우리 영혼이 오늘은 이 땅 위에 거하나
내일은 영원 속에 거하리라.

오 늘 의 묵 상

_____
_____
_____
_____

A p r i l / **4월 7일**

점차 커지는 특권

좋은 땅에 있다는 것은
착하고 좋은 마음으로 말씀을 듣고 지키어
인내로 결실하는 자니라 (누가복음 8:15)

자비의 아버지
주께서 예비하신 은혜가 필요하니
씨앗을 뿌리시는 그 손으로
풍성한 열매 맺을 땅도 일궈주소서.

오 늘 의 묵 상

April / **4월 8일**

점차 많아지는 기회

네 손이 일을 얻는 대로 힘을 다하여 할지어다
네가 장차 들어갈 스올에는 일도 없고
계획도 없고 지식도 없고 지혜도 없음이니라 (전도서 9:10)

우리 손이 무슨 할 일을 찾든지
오늘 열심을 다해 그 일을 하세.
덧없이 날아가는 순간을 잡아서
오늘 죽음을 바라듯 살아가세.

오 늘 의 묵 상

_____
_____
_____
_____

April / **4월 9일**

영적으로 근면한 삶

형제들아 나는 아직 내가 잡은 줄로 여기지 아니하고
오직 한 일 즉 뒤에 있는 것은 잊어버리고
앞에 있는 것을 잡으려고 푯대를 향하여
그리스도 예수 안에서 하나님이 위에서 부르신
부름의 상을 위하여 달려가노라 (빌립보서 3:13,14)

등에는 짐 보따리 지고, 손에는 지팡이 쥐고
적들의 땅을 서둘러 통과해 가세.
그 길 비록 험하나 그리 길지는 않네.
그러니 소망으로 길을 닦고, 노래하며 기운을 내리라.

오 늘 의 묵 상

April / **4월 10일**

전적인 헌신

또한 너희 지체를 불의의 무기로 죄에게 내주지 말고
오직 너희 자신을 죽은 자 가운데서 다시 살아난 자같이
하나님께 드리며 너희 지체를 의의 무기로
하나님께 드리라 (로마서 6:13)

그대가 가진 모든 것과 그대 전부를
단순한 심령으로 주님께 맡기라.
모든 힘 내려놓으면 주님의 권세와
평화가 영원히 그대의 것이 되리라.

오 늘 의 묵 상

_____

_____

_____

_____

April / **4월 11일**

그리스도를 고백하라

누구든지 사람 앞에서 나를 시인하면
나도 하늘에 계신 내 아버지 앞에서
그를 시인할 것이요 (마태복음 10:32)

내가 세상의 갈채를 얻어야 할까
아니면 세상의 눈총을 피해야 할까
주의 옳은 일에는 동의하려 하지 않고
주의 백성들의 몫을 내 것으로 만드니
당신의 영광이 드러날 그 날에
내가 얼마나 부끄러움을 당할까!

오 늘 의 묵 상
_____
_____
_____
_____

April / 4월 12일

악의 모양이라도 피하라

악은 어떤 모양이라도 버리라 (데살로니가전서 5:22)

하늘로부터 오신 구주께서
우릴 세상의 거룩함으로 부르시며,
우리에게 지난날의 어리석음을 미워하고
악한 자들에게서 멀어지라고 말씀하시네.

우리 손과 마음이 거룩해야 하고
거룩한 발은 주가 명하시는 곳으로
걸어가되 흔들림 없이 나아갈 것이며
거룩한 입술은 주를 찬양하여야 하리.

오 늘 의 묵 상

A p r i l / **4월 13일**

부지런히 마음을 지키라

모든 지킬 만한 것 중에 더욱 네 마음을 지키라
생명의 근원이 이에서 남이니라 (잠언 4:23)

우리의 본분은
우리 마음을 지키고
절제하는 모든 열심이니
자신의 마음을 잘 다스리려는
거룩한 갈망이로다.

오 늘 의 묵 상

April / **4월 14일**

성경을 연구하라

너희가 성경에서 영생을 얻는 줄 생각하고
성경을 연구하거니와 이 성경이
곧 내게 대하여 증언하는 것이니라 (요한복음 5:39)

주여, 당신의 가르치시는 은혜가 임하여
우리가 헛되이 말씀을 읽지 않게 하소서.
주의 교훈을 우리 마음판에 기록하시고
주의 진리와 가르침을 밝히 보여주소서.
주의 사랑의 메시지가 저희를
저 위의 안식처로 인도하게 하소서.

오 늘 의 묵 상

A p r i l / **4월 15일**

은밀하게 기도하라

너는 기도할 때에 네 골방에 들어가 문을 닫고
은밀한 중에 계신 네 아버지께 기도하라
은밀한 중에 보시는 네 아버지께서 갚으시리라 (마태복음 6:6)

사람들의 길에서 벗어나
엄숙히 당신께로 나아가서
은밀한 중에 보시고
마음의 소원 갚으시는
주님을 바라봅니다.

오 늘 의 묵 상

April / 4월 16일

감사하라

**범사에 감사하라
이것이 그리스도 예수 안에서 너희를 향하신
하나님의 뜻이니라** (데살로니가전서 5:18)

영원히 찬양을 받으실 주를 찬양하노니
우리의 날들을 완성하시는 사랑을 인해
모든 즐거움의 풍부한 근원 되심을 인해
우리 혀가 주를 찬양하게 하소서.

오 늘 의 묵 상

April / 4월 17일

말씀을 묵상하라

오직 여호와의 율법을 즐거워하여
그의 율법을 주야로 묵상하는도다 (시편 1:2)

회개의 눈물을 흘리며
혼자 있는 시간을 좋아하니
오직 하나님만 곁에 계실 때
모든 약속의 말씀에 애원하네.

주가 지난날 베푸신 자비와
좋은 앞날을 위한 간청을
묵상하길 좋아하니
내 모든 염려와 슬픔을
내가 사모하는 주께 맡기네.

오 늘 의 묵 상

April / **4월 18일**

스스로를 점검하라

너희는 믿음 안에 있는가 너희 자신을 시험하고
너희 자신을 확증하라 (고린도후서 13:5a)

저녁이 오면 스스로에게 묻는다.
내 영혼아, 오늘은 어디서 지냈느냐
너의 수고가 거둔 것은 무엇인가?
바르게 말하고 행동을 했는가?
하나님을 따라
어떤 은혜를 받았고 지식을 얻었는가?

오 늘 의 묵 상

April / **4월 19일**

번영 속에서도 겸손하라

내게 주신 은혜로 말미암아 너희 각 사람에게 말하노니
마땅히 생각할 그 이상의 생각을 품지 말고
오직 하나님께서 각 사람에게 나누어주신
믿음의 분량대로 지혜롭게 생각하라 (로마서 12:3)

주님께서 내게 은혜를 주신다면
심령이 가난하고 마음이 온유하여
내 구주같이
겸손에 뿌리내리게 하소서.
주가 주신 모든 것에 만족하며
이외 세상의 모든 것을 끊게 하소서.

오 늘 의 묵 상

April / **4월 20일**

역경 가운데서도 주를 신뢰하라

너희 중에 여호와를 경외하며
그의 종의 목소리를 청종하는 자가 누구냐
흑암 중에 행하여 빛이 없는 자라도
여호와의 이름을 의뢰하며
자기 하나님께 의지할지어다 (이사야 50:10)

주께서 잠시 우리의 안락함을 덮고
짙은 괴로움을 드리울지라도
소망은 구름 위에 무지개를 그리고
은혜는 소나기를 뚫고 빛을 비추네.

오 늘 의 묵 상

_____
_____
_____
_____

April / **4월 21일**

마음을 다스리라

노하기를 더디하는 자는 용사보다 낫고
자기의 마음을 다스리는 자는
성을 빼앗는 자보다 나으니라 (잠언 16:32)

복이 있도다, 걸음을 주의하여
중용을 지키는 사람이여.
말씀의 통치를 받는 그의 삶은
깨끗한 양심을 선언하리.

오 늘 의 묵 상

April / **4월 22일**

자기 부인

모든 것이 가하나 모든 것이 유익한 것은 아니요
모든 것이 가하나 모든 것이
덕을 세우는 것은 아니니 (고린도전서 10:23)

주님, 제가 주님께 가장 바라는 것은
제가 주께 자유로이 굴복하여
선을 행하기를 주저하지 않고
그 일을 멈추지 않는 것입니다.

내가 가는 모든 길에
주께서 호의를 베푸시리라 약속하셨으니
달리 제가 바라거나 생각하는 것은
계속 바라게 해달라는 것입니다.

오 늘 의 묵 상

April / **4월 23일**

자족한 마음을 가지라

돈을 사랑하지 말고 있는 바를 족한 줄로 알라
그가 친히 말씀하시기를 내가 결코 너희를 버리지 아니하고
너희를 떠나지 아니하리라 하셨느니라 (히브리서 13:5)

"너희를 떠나지 아니하리라"
주께서 말씀하셨기에
주의 약속 내 마음에 매고
그의 돌보심을 즐거워하리라.
내가 여기 사는 동안
이 약속이 나를 먹이고 입히시며
이후 영광 중에 내가 도착한 그곳에
약속이 계시니 주를 찬양하리라.

오 늘 의 묵 상

April / 4월 24일

인내하라

너희에게 인내가 필요함은
너희가 하나님의 뜻을 행한 후에
약속하신 것을 받기 위함이라 (히브리서 10:36)

주는 선하고 지혜로우시기에
나 주의 모든 뜻에 복종하나이다.
모든 불안한 생각이 잦아들고
희미한 속삭임조차 들리지 않게 하소서.

주의 사랑은 음침한 어둠에 생기를 주시고,
소망과 기쁨이 영원토록 꽃을 피우고
모든 인생의 장면을 밝히실 때까지
나를 잠잠히 기다리게 하시나이다.

오 늘 의 묵 상

April / **4월 25일**

온유함을 지니라

모든 겸손과 온유로 하고
오래 참음으로 사랑 가운데서
서로 용납하고 (에베소서 4:2)

주님의 행하심은
온유와 겸손과 사랑을 통해서 빛납니다.
저의 모든 행실이
주님을 모방한 증거가 되게 하소서.

오 늘 의 묵 상

April / **4월 26일**

절제하라

너희는 스스로 조심하라 그렇지 않으면
방탕함과 술취함과 생활의 염려로 마음이 둔하여지고
뜻밖에 그 날이 덫과 같이 너희에게 임하리라 (누가복음 21:34)

세상은 많은 덫을 놓으니
희망과 즐거움, 고통과 돌봄으로
땅 위에 누운 나를 칭칭 감았도다.
족쇄에 묶인 나는 언제 풀려날까?
언제쯤 헛된 자리를 박차고 나와
하늘 향해 날아오를까?

오 늘 의 묵 상

A p r i l / **4월 27일**

정직하고 진실하라

범사에 네 자신이 선한 일의 본을 보이며
교훈에 부패하지 아니함과 단정함과 (디도서 2:7)

순결하고 죄를 싫어하며
의롭고 거룩하며 자비하고 진실한.
내 안에 주의 형상 만드시고
내 모든 말과 행동에서 빛을 발하소서.

오 늘 의 묵 상

April / **4월 28일**

깨어 주를 의지하라

주인이 와서 깨어있는 것을 보면
그 종들은 복이 있으리로다
내가 진실로 너희에게 이르노니 주인이 띠를 띠고
그 종들을 자리에 앉히고 나아와 수종들리라 (누가복음 12:37)

주님의 눈앞에서 사는 것처럼
저를 무장시켜주소서.
그리고 주님의 종으로
철저한 결산을 준비하게 하소서.

주를 의지하며
깨어 기도하도록 도와주소서.
저의 신뢰를 저버리신다면
저는 영영 죽겠나이다.

오 늘 의 묵 상

April / 4월 29일

세상의 소명에도 부지런하라

또 너희에게 명한 것같이 조용히 자기 일을 하고
너희 손으로 일하기를 힘쓰라 (데살로니가전서 4:11)

부단히 보살피며 사랑을 나타내니
이는 주의 보좌에 향기라.
우리 손이 세상에서 일하는 동안에도
우리 마음은 온전히 주의 것 되게 하소서.

오 늘 의 묵 상

April / **4월 30일**

탁월한 거룩을 열망하라

내가 이미 얻었다 함도 아니요
온전히 이루었다 함도 아니라
오직 내가 그리스도 예수께 잡힌바 된
그것을 잡으려고 달려가노라 (빌립보서 3:12)

하나님과 더 가까이 걷기 위해.
온유한 천국의 형상을 위해.
나를 어린양께로 인도하는
길 위에 빛을 비추소서!

오 늘 의 묵 상

The
Believer's
Daily
Treasure

05
May

그리스도인의 교회 생활

May / **5월 1일**

하나님을 함께 경배하라

그러나 너희는 택하신 족속이요
왕 같은 제사장들이요 거룩한 나라요
그의 소유가 된 백성이니
이는 너희를 어두운 데서 불러내어
그의 기이한 빛에 들어가게 하신 이의
아름다운 덕을 선포하게 하려 하심이라 (베드로전서 2:9)

말뿐이 아니라
행동으로 보이라.
주께 얼마나 많이 받았으며
얼마나 많이 빚졌는지.

오 늘 의 묵 상
_____
_____
_____

M a y / **5월 2일**

모든 죄악을 물리치라

**또 주의 이름을 부르는 자마다
불의에서 떠날지어다 하였느니라** (디모데후서 2:19b)

믿음은 반드시 아버지의 뜻을 따르는 것이자
주님의 은혜를 믿는 것이다.
용서의 하나님이지만 여전히 질투하시는 까닭은
그분의 거룩함 때문이다.

오 늘 의 묵 상

May / **5월 3일**

믿음의 확신을 가지라

그리스도께서 우리를 자유롭게 하려고
자유를 주셨으니 그러므로 굳건하게 서서
다시는 종의 멍에를 메지 말라 (갈라디아서 5:1)

구주의 은혜로
애굽으로부터 이제야 자유함을 얻어
주의 얼굴 보길 소망하며
험한 가시밭길을 걸어간다.

육신은 이 길을 싫어하지만
믿음은 쉽게 찬성한다.
이 길만이 영원으로 인도하니
다른 모든 길은 지옥으로 이끄네.

오 늘 의 묵 상

May / **5월 4일**

복음을 힘써 옹호하라

성도에게 단번에 주신 믿음의 도를 위하여
힘써 싸우라는 편지로
너희를 권하여야 할 필요를 느꼈노니 (유다서 1:3b)

주님 힘의 정복 안에서
나는 진심으로 즐거울 것이다.
주님의 통치는 끝없이 퍼져가니
내가 얻은 최고의 것은 승리로다.
이 표시로 양심이 깨어나게 하소서.
은혜로우신 구주여, 저는 주의 것입니다.

오 늘 의 묵 상
_____
_____
_____
_____

May / **5월 5일**

선한 일에 열심을 내라

서로 돌아보아 사랑과 선행을 격려하며 (히브리서 10:24)

내 영혼아, 깨어나라.
내 사랑아, 깨어나라.
여기 이 땅에서 구주를 섬기라.
저 위의 모든 성도들과
거룩한 천사들도 할 수 없는 일로.

오 늘 의 묵 상
_____
_____
_____
_____

May / **5월 6일**

신령한 예배에 참여하라

모이기를 폐하는 어떤 사람들의 습관과 같이 하지 말고
오직 권하여 그 날이 가까움을 볼수록
더욱 그리하자 (히브리서 10:25)

주님의 은혜의 성전 안에서
항상 제 자리를 찾게 하소서.
하나님께서 이 땅에서의 마지막 제거 명령을 내리고
천상의 성전에 살도록 하시기 전까지.

오 늘 의 묵 상

May / 5월 7일

교회를 화평하게 하자

온전하게 되며 위로를 받으며
마음을 같이하며 평안할지어다
또 사랑과 평강의 하나님이
너희와 함께 계시리라 (고린도후서 13:11)

저희가 한마음, 한뜻 되게 하소서.
예의 바르며, 서로 불쌍히 여기고, 친절하며
생각과 언행이 온순하고, 스스로를 낮추며
모든 것이 우리 주님 닮게 하소서.

오 늘 의 묵 상

May / **5월 8일**

영혼을 교회로 이끌자

네 성 안에는 평안이 있고
네 궁중에는 형통함이 있을지어다 (시편 122:7)

사랑하는 형제들을 위해
시온의 평화를 바랍니다.
번성하라! 오래도록 번성하며
주의 자녀들이 늘어나게 하소서.
우리는 주의 선하심을 구하오며
하나님의 복된 자리로 이끄시는
그 길을 사랑합니다.

오 늘 의 묵 상

May / **5월 9일**

서로 사랑하자

그리스도께서 너희를 사랑하신 것같이
너희도 사랑 가운데서 행하라
그는 우리를 위하여 자신을 버리사
향기로운 제물과 희생제물로
하나님께 드리셨느니라 (에베소서 5:2)

땅 위의 성도 가운데서
서로의 사랑을 발견할 수 있게 하소서.
같은 유업을 물려받을 상속자들이
서로 축복하며 왕관을 씌우게 하소서.

오 늘 의 묵 상

May / **5월 10일**

서로 복종하자

젊은 자들아 이와 같이 장로들에게 순종하고
다 서로 겸손으로 허리를 동이라
하나님은 교만한 자를 대적하시되
겸손한 자들에게는 은혜를 주시느니라 (베드로전서 5:5)

주님, 저의 자리와 분깃이
영원히 당신 곁이게 해주소서.
교만의 옷을 벗기시고
겸손으로 옷 입혀주옵소서.

오 늘 의 묵 상
_____
_____
_____
_____

May / **5월 11일**

서로 존중하자

아무 일에든지 다툼이나 허영으로 하지 말고
오직 겸손한 마음으로
각각 자기보다 남을 낫게 여기고 (빌립보서 2:3)

형제끼리 서로 존중하며
그를 자신보다 더 낫게 여기게 하소서.
시기함이 없이 충만한 사랑으로
상대에게 더 좋은 것을 하며
우리가 모두 이 일에 뜻을 같이하니
우리는 행복합니다.

오 늘 의 묵 상

May / 5월 12일

서로 용납하자

누가 누구에게 불만이 있거든 서로 용납하여
피차 용서하되 주께서 너희를 용서하신 것같이
너희도 그리하고 (골로새서 3:13)

주님의 하나 되게 하시는 은혜로써
서로 용납하게 하소서.
그리하여 우리의 예물이
주께서 받으실만한 것이 되고,
우리 삶이 주님께 칭찬받고
사랑받을만한 것이 되게 하소서.

오 늘 의 묵 상

May / 5월 13일

서로 솔직하자

비판을 받지 아니하려거든 비판하지 말라
어찌하여 형제의 눈 속에 있는 티는 보고
네 눈 속에 있는 들보는 깨닫지 못하느냐 (마태복음 7:1,3)

주님의 변화시키시는 은혜로 저희를 만드소서.
위대하신 구주여, 매일 더욱 주를 닮게 하소서.
주님의 완전한 본을 따라가며
장차 어떤 모습이 되어야 할지를 가르쳐주소서.

오 늘 의 묵 상

May / **5월 14일**

서로 용서하자

서로 친절하게 하며 불쌍히 여기며
서로 용서하기를 하나님이 그리스도 안에서
너희를 용서하심과 같이 하라 (에베소서 4:32)

"그리스도가 나뉘었는가?"
머리이신 주로부터 분리될 수 있는 지체는 누구인가?
우리 구주가 흘린 피로 한 심장이 된
우리가 어떻게 해야 하겠는가?

오 늘 의 묵 상

M a y / **5월 15일**

서로 권면하자

내 형제들아 너희가 스스로 선함이 가득하고
모든 지식이 차서 능히 서로 권하는 자임을
나도 확신하노라 (로마서 15:14)

영원한 사랑의 끈으로
저희 영혼을 하나로 이끄소서.
위에 있는 아버지의 집으로,
성도들과의 사귐으로 이끌어주소서.
그곳을 향해 우리의 소망을 올리다보면
그곳에서 모든 수고가 끝나리라.

오 늘 의 묵 상
_____
_____
_____

May / 5월 16일

서로 위로하며 세워주자

*그러므로 피차 권면하고 서로 덕을 세우기를
너희가 하는 것같이 하라* (데살로니가전서 5:11)

우리가 여행하는 동안
길 위에서 서로 도우며 가자.
적들은 사방에서 우리를 괴롭히고
길 위에는 온통 덫이 놓여있으니
각자 형제의 짐을 나눠지는 것이
마땅한 일이로다.

오 늘 의 묵 상
_____
_____
_____
_____

May / **5월 17일**

서로 중보하자

그러므로 너희 죄를 서로 고백하며
병이 낫기를 위하여 서로 기도하라
의인의 간구는 역사하는 힘이 큼이니라 (야고보서 5:16)

우리 아버지의 보좌 앞에
간절한 기도를 쏟아붓네.
두려움과 소망들…
우리의 기도 목표는 하나이니
위안과 보살핌이다.

오 늘 의 묵 상

May / **5월 18일**

한마음으로 모이라

오직 우리가 어디까지 이르렀든지
그대로 행할 것이라 (빌립보서 3:16)

하나의 위대한 기업 안에서
함께한 서원으로 같은 주께 묶였네.
이제 한 믿음, 한 소망, 하나의 중심이니
우리의 본향, 저 천상이로다.

오 늘 의 묵 상

May / **5월 19일**

한뜻으로 합하라

형제들아 내가 우리 주 예수 그리스도의 이름으로
너희를 권하노니 모두가 같은 말을 하고
너희 가운데 분쟁이 없이 같은 마음과 같은 뜻으로
온전히 합하라 (고린도전서 1:10)

주님, 저희가 이기적인 뜻을 꺾어
서로의 성질에 맞추게 해주세요.
주님의 조정해주시는 능력으로
마음과 마음이 합주하듯이.

오 늘 의 묵 상

May / **5월 20일**

합심하여 기도하라

두세 사람이 내 이름으로 모인 곳에는
나도 그들 중에 있느니라 (마태복음 18:20)

두세 사람이 합심해서
주권자에게 순종하여 만난 곳에서
주님의 은혜를 헤아려
엄숙한 기도와 찬양을 드리자.
구주께서는 작은 무리가 모인 곳에
내가 함께하겠다고 말씀하셨다.

오 늘 의 묵 상

May / **5월 21일**

합심하여 찬양하라

그리스도의 말씀이 너희 속에 풍성히 거하여
모든 지혜로 피차 가르치며 권면하고
시와 찬송과 신령한 노래를 부르며
감사하는 마음으로 하나님을 찬양하고 (골로새서 3:16)

비록 죄악된 세상에 있지만 저희를 가르치소서.
천국의 신성한 일을 시작하사
우리가 위대한 구원자를 찬양하며
그 이름을 사랑하고 주의 길을 배우도록 가르치소서.

오 늘 의 묵 상

May / **5월 22일**

주의하여 말하라

무릇 더러운 말은 너희 입 밖에도 내지 말고
오직 덕을 세우는 데 소용되는 대로 선한 말을 하여
듣는 자들에게 은혜를 끼치게 하라 (에베소서 4:29)

두세 사람이 만나더라도
그리스도인의 모임이니
주님, 우리가 주를 만나도록 허락해주세요.
은혜로우신 구주여, 들으소서!
사랑하는 친구들과의 대화가 곁길로 새
하루를 마치며 남을 험담하고 있을 때
구주여, 도중에 저희를 만나주세요.
은혜로우신 구주여, 들으소서!

오 늘 의 묵 상

May / **5월 23일**

약한 자를 향한 긍휼

믿음이 강한 우리는 마땅히
믿음이 약한 자의 약점을 담당하고
자기를 기쁘게 하지 아니할 것이라 (로마서 15:1)

약한 그리스도인들을 경멸할 때
우리는 위대한 구주를 잘못 알고 있는 것이다.
은혜롭고 지혜로우신 주님은
강한 자와 함께 아주 약한 자를 받으시기 때문이다.

오 늘 의 묵 상

May / 5월 24일

고통받는 자를 향한 긍휼

너희도 함께 갇힌 것같이 갇힌 자를 생각하고
너희도 몸을 가졌은즉 학대받는 자를 생각하라 (히브리서 13:3)

다른 이들의 고민을 마주할 때
내 가슴에 연민이 흘러넘치게 하소서.
상처 입은 마음을 만날 때마다
동정하는 역할을 감당합니다.

오 늘 의 묵 상
_____
_____
_____
_____

May / 5월 25일

가난한 자를 향한 긍휼

그러므로 우리는 기회 있는 대로
모든 이에게 착한 일을 하되
더욱 믿음의 가정들에게 할지니라 (갈라디아서 6:10)

구제에 눈을 뜨라.
배고픈 영혼을 먹이며
가난한 이에게 옷을 입혀드리자.
천국에는 도움이 필요한 이들이 없으니
이런 의무들이 더는 없으리니.

오 늘 의 묵 상

May / 5월 26일

잘못한 자를 향한 긍휼

형제들아 사람이 만일 무슨 범죄한 일이 드러나거든
신령한 너희는 온유한 심령으로 그러한 자를 바로잡고
너 자신을 살펴보아 너도 시험을 받을까
두려워하라 (갈라디아서 6:1)

주님, 우리는 분투하며 소망으로 기다리겠습니다.
잘못을 저지른 그들이 회복될 때까지.
상처받은 마음을 살피고 나면
성도 간의 친교는 급속도로 회복됩니다.

오 늘 의 묵 상

May / **5월 27일**

비방에서 자유하게 되다

형제들아 서로 비방하지 말라 형제를 비방하는 자나
형제를 판단하는 자는 곧 율법을 비방하고
율법을 판단하는 것이라 네가 만일 율법을 판단하면
율법의 준행자가 아니요 재판관이로다 (야고보서 4:11)

사랑은 순수함이며 천국의 불꽃이다.
그리고 형제의 이름을 높이 평가해주는 것이다.
이는 모든 것을 바라며 모든 것을 믿으며
형제에게 쉽게 혐의를 씌우지 않는다.

오 늘 의 묵 상

M a y / 5월 28일

사역자를 중히 여기라

형제들아 우리가 너희에게 구하노니
너희 가운데서 수고하고
주 안에서 너희를 다스리며 권하는 자들을
너희가 알고 그들의 역사로 말미암아
사랑 안에서 가장 귀히 여기며
너희끼리 화목하라 (데살로니가전서 5:12,13)

시온의 언덕에 선 이들의
발은 얼마나 아름다운가.
그 입술은 구원으로 이끄는
평화의 말을 하는 사람이로다!

오 늘 의 묵 상

M a y / **5월 29일**

사역자를 위해 기도하라

모든 기도와 간구를 하되 항상 성령 안에서 기도하고
이를 위하여 깨어 구하기를 항상 힘쓰며
여러 성도를 위하여 구하라 또 나를 위하여 구할 것은
내게 말씀을 주사 나로 입을 열어 복음의 비밀을
담대히 알리게 하옵소서 할 것이니 (에베소서 6:18,19)

주님, 지금 저희가 칭찬하는 이들을
천상의 힘으로 보호해주세요.
신실한 복음전도자들을 지키사
그들이 끝날까지 견디게 하소서.

오 늘 의 묵 상

May / 5월 30일

불신을 경계하라

형제들아 너희는 삼가 혹 너희 중에
누가 믿지 아니하는 악한 마음을 품고
살아 계신 하나님에게서 떨어질까 조심할 것이요 (히브리서 3:12)

얼마나 자주 자아와 교만에 속아
내 약한 심령이 엇나갔던가.
주님께서 나를 다시 보실 때까지
요나처럼 주를 피해 도망쳤네.

오 늘 의 묵 상

M a y / **5월 31일**

배교하지 않도록 주의하라

너희는 하나님의 은혜에 이르지 못하는 자가 없도록 하고
또 쓴 뿌리가 나서 괴롭게 하여 많은 사람이
이로 말미암아 더럽게 되지 않게 하며 (히브리서 12:15)

천국 시민권에 대한 소망을 잃어버린 자에게
그 어떤 희망과 보화를 주면서 대체할 것인가?
이 땅의 제국들이라도 살 수 없는 보화를 잃어버렸다면
무엇이 남았을까? 영원한 어둠만이 남았네.

오 늘 의 묵 상

06
June

세상 속의
그리스도인

June / **6월 1일**

성도는 세상의 소금이다

너희는 세상의 소금이니 소금이 만일 그 맛을 잃으면
무엇으로 짜게 하리요 후에는 아무 쓸데없어
다만 밖에 버려져 사람에게 밟힐 뿐이니라 (마태복음 5:13)

너희 손이 해야 할 선한 일을 찾기 위해
열심히 애쓰며 분투하라.
사람을 섬기며 축복하는 여러 길이 있으니
심령을 위로하고 마음의 짐을 덜어주며
새로운 위안을 베풀라.

오 늘 의 묵 상

J u n e / **6월 2일**

성도는 세상의 빛이다

너희는 세상의 빛이라 산 위에 있는 동네가
숨겨지지 못할 것이요 (마태복음 5:14)

빛 가운데 걸어가라!
폭풍 중에도 맑은 날에도 가야 할 길이 있으니
그대와 함께하시는 사랑의 하나님은 빛이시라!

오 늘 의 묵 상
_____
_____
_____
_____

June / **6월 3일**

그리스도인의 황금률

그러므로 무엇이든지
남에게 대접을 받고자 하는 대로 너희도 남을 대접하라
이것이 율법이요 선지자니라 (마태복음 7:12)

복되신 구주 어찌나 놀라우신지
주님의 이 율법이 어찌나 의로우신지
다른 이들에게 바라고 기대하는 대로
모든 이들을 대하라 하시네.

모든 나라가 이같이 공평과 사랑으로
통치되는 것은 얼마나 복된 일인가!
원수 하나 없이 모두가 친구가 되며
이 땅에서 천국을 맛보겠네.

오 늘 의 묵 상

June / **6월 4일**

거룩함으로 하나님께 영광을 돌리라

사랑하는 자들아
거류민과 나그네 같은 너희를 권하노니
영혼을 거슬러 싸우는
육체의 정욕을 제어하라 (베드로전서 2:11)

주님의 종으로 하여금
이 땅에서 흠 없이 정결하게 살도록 도와주소서.
그리하여 저를 향한 유일한 책망이
그리스도를 따르며 주를 두려워하는 것뿐이게 하소서.

오 늘 의 묵 상

June / **6월 5일**

주의 일에 더욱 힘쓰라

그러므로 내 사랑하는 형제들아
견실하며 흔들리지 말고 항상 주의 일에
더욱 힘쓰는 자들이 되라
이는 너희 수고가 주 안에서
헛되지 않은 줄 앎이라 (고린도전서 15:58)

이른 아침에 씨앗을 뿌리고
저녁에도 손을 거두지 말라.
의심과 두려움에 귀 기울이지 말고
네 땅에 널리 널리 씨앗을 뿌려라.

오 늘 의 묵 상

June / 6월 6일

두 마음을 품지 말라

한 사람이 두 주인을 섬기지 못할 것이니
혹 이를 미워하고 저를 사랑하거나
혹 이를 중히 여기고 저를 경히 여김이라
너희가 하나님과 재물을 겸하여
섬기지 못하느니라 (마태복음 6:24)

하늘에 계신 주께서 요구하시는 것은
잠깐 하다 마는 순종이 아니니
말과 행실에서, 마음과 손에서
그분은 우리의 온전한 충성을 원하시네.
제멋대로 흔들리는 진흙일 뿐인 우리를
하나님께서 붙드시네.

오 늘 의 묵 상

June / **6월 7일**

본을 보이라

이같이 너희 빛이 사람 앞에 비치게 하여
그들로 너희 착한 행실을 보고
하늘에 계신 너희 아버지께 영광을 돌리게 하라 (마태복음 5:16)

우리의 입술과 삶이
우리가 고백한 거룩한 복음을 나타내게 하소서.
우리의 일과 선행이
모든 신성한 교리를 증거하며 환히 빛나게 하소서.

오 늘 의 묵 상

June / **6월 8일**

모든 사람과 화목하라

할 수 있거든 너희로서는
모든 사람과 더불어 화목하라 (로마서 12:18)

우리를 향한 주님의 목적은
지금 이 땅에서 그분의 형상을 지니는 것이고
우리가 서로 화목함으로
새로운 천국 시민권을 공표하는 것이다.

오 늘 의 묵 상

June / 6월 9일

네 이웃을 사랑하라

너희가 만일 성경에 기록된 대로
네 이웃 사랑하기를 네 몸과 같이 하라 하신
최고의 법을 지키면 잘하는 것이거니와 (야고보서 2:8)

사랑은 이웃의 이익을 구하며
자신의 유익을 내려놓는 것이니
하나님의 아들은 죽기 위해 내려오셨고
우리를 그 피로 사주셨다.

사랑은 하늘 왕국의 힘을 받치고 있는 은혜니
그곳은 믿음과 소망이 더는 필요치 않지만
성도들의 사랑은 영원하다.

오 늘 의 묵 상

June / 6월 10일

다른 사람을 일깨우자

우리 각 사람이 이웃을 기쁘게 하되
선을 이루고 덕을 세우도록 할지니라 (로마서 15:2)

제가 다른 이들에게 고통이나 상처를 주는
어떤 행동도 하지 않도록 하옵소서.
제 마음이 모든 사람들의 벗이 되도록
계속해서 기울어지게 하소서.

오 늘 의 묵 상
_____
_____
_____
_____

June / 6월 11일

모든 사람을 사랑하자

또 주께서 우리가 너희를 사랑함과 같이
너희도 피차간과 모든 사람에 대한 사랑이
더욱 많아 넘치게 하사 (데살로니가전서 3:12)

사랑, 그 빛나는 은혜가
내 모든 힘을 주관하게 하소서.
생각을 지휘하며, 해야 할 말을 제시하고
내 모든 행동을 이끌게 하소서.

오 늘 의 묵 상

June / **6월 12일**

사람들을 구원으로 인도하자

너희가 알 것은 죄인을 미혹된 길에서
돌아서게 하는 자가
그의 영혼을 사망에서 구원할 것이며
허다한 죄를 덮을 것임이라 (야고보서 5:20)

나의 하나님, 가슴 아픈 장면을 생각하니
죽어가는 이들을 향해 창자가 들끓나이다.
긍휼히 여기는 마음이 회복되게 하시니
불길 속에 있는 가지라도 건져내겠나이다.

오 늘 의 묵 상

_____
_____
_____

June / 6월 13일

권세자들에게 복종하자

모든 자에게 줄 것을 주되
조세를 받을 자에게 조세를 바치고
관세를 받을 자에게 관세를 바치고
두려워할 자를 두려워하며
존경할 자를 존경하라 (로마서 13:7)

주님의 호의로 우리의 주권자를 복주소서.
공의로 권세의 자리를 세우고
지혜가 방향키를 잡게 하소서.
의원들의 의논을 이끌며
법정에서는 정의가 주관하게 하소서.
주님의 다스림으로 이 나라를 복 주소서.

오 늘 의 묵 상

_____

_____

_____

_____

June / **6월 14일**

말과 행동의 일치

이는 너희가 흠이 없고 순전하여
어그러지고 거스르는 세대 가운데서
하나님의 흠 없는 자녀로
세상에서 그들 가운데 빛들로 나타내며 (빌립보서 2:15)

주님, 그 지혜를 저희에게 주옵소서.
모든 악에서 떠나는 데서부터
모든 원수의 입을 막기까지
삶과 마음이 올바르게 하사,
주를 경외하는 증인이 되어
그리스도인들은 어떻게 사는지를
몸소 보이게 하소서.

오 늘 의 묵 상

_____
_____
_____
_____

June / **6월 15일**

민감하게 깨어있으라

그런즉 너희가 어떻게 행할지를 자세히 주의하여
지혜 없는 자같이 하지 말고
오직 지혜 있는 자같이 하여
세월을 아끼라 때가 악하니라 (에베소서 5:15,16)

날아가 버리는 모든 시간 속에서
복음이라는 새로운 명성을 얻었노라고
고백하게 하소서.
제 삶과 수고가 다할 때
약속된 면류관을 얻게 하소서.

오 늘 의 묵 상
_____
_____
_____
_____

June / 6월 16일

관대한 자가 되라

은혜를 베풀며 꾸어주는 자는 잘되나니
그 일을 정의로 행하리로다 (시편 112:5)

성도는 하나님이 명하신 것을 사랑하고
그분의 길 안에서 즐거워한다.
은혜로운 말과 거룩한 손으로
그들의 신앙이 옳다는 것을 보여준다.

그들의 대화는 위에 계신 하나님과 나누는 것이며
그들의 수고는 다른 이들을 축복해주는 것이다.
성도의 자비, 평화, 사랑의 수고는
그리스도께서 인정해주신다.

오 늘 의 묵 상

June / **6월 17일**

영원의 시각으로

너희 관용을 모든 사람에게 알게 하라
주께서 가까우시니라 (빌립보서 4:5)

우리는 세상의 모든 모형을 바라보리.
천사들이 그러하듯 업신여기는 마음으로
그리고 약속된 하늘의 저택으로
올라오라는 부르심을 기다리겠네.

오 늘 의 묵 상

June / 6월 18일

진노하심에 맡기라

내 사랑하는 자들아 너희가 친히 원수를 갚지 말고
하나님의 진노하심에 맡기라 기록되었으되
원수 갚는 것이 내게 있으니
내가 갚으리라고 주께서 말씀하시니라 (로마서 12:19)

원수 갚는 것은 주께 속했으니
내 영역 안에 두지 않게 하시고,
온유한 기도보다 더 나쁜 보복을
저지를 엄두도 내지 않게 하소서.
많이 용서받았음을 깨닫게 하셔서
증오 대신 사랑을 돌려주게 하소서.

오 늘 의 묵 상

June / **6월 19일**

힘써 일하라

도둑질하는 자는 다시 도둑질하지 말고
돌이켜 가난한 자에게 구제할 수 있도록
자기 손으로 수고하여 선한 일을 하라 (에베소서 4:28)

제 삶은 주님께 빚진 삶입니다.
제 모든 위로는 주께로부터 흘러나옵니다.
제가 필요로 하는 모든 축복은
주님의 너그러운 손길로부터 옵니다.

오 늘 의 묵 상

June / 6월 20일

공정함을 잃지 말라

이는 외인에 대하여 단정히 행하고
또한 아무 궁핍함이 없게 하려 함이라 (데살로니가전서 4:12)

오셔서 우리 길을 살피소서.
바르고 옳게 살고자 노력했는지
공정함에 대한 대원칙을
기쁘게 실천했는지

우리가 의도한 공정의 원칙에 따라
물건을 사기도 하고 팔기도 했는가?
하나님께서 가까이 오셨음을 기억하며
거룩하신 진노를 두려워하는가?

오 늘 의 묵 상

June / **6월 21일**

충성된 청지기

지극히 작은 것에 충성된 자는
큰 것에도 충성되고
지극히 작은 것에 불의한 자는
큰 것에도 불의하니라 (누가복음 16:10)

그대의 은사는 그 달란트를
제공할 때만 즐거울 뿐입니다.
그 달란트들은 섬김 안에서
사용될 때만 잘 쓴 것입니다.

오 늘 의 묵 상

June / 6월 22일

믿을 만한 사람

그런즉 거짓을 버리고
각각 그 이웃과 더불어 참된 것을 말하라
이는 우리가 서로 지체가 됨이라 (에베소서 4:25)

그리스도인이란 이름을 가진 자들의
거룩한 맹세가 실현되게 하소서.
어린양을 따르는 성도들은
명예를 따르는 자들이니.

오 늘 의 묵 상

June / 6월 23일

화목하게 하는 자

아무도 비방하지 말며 다투지 말며 관용하며
범사에 온유함을 모든 사람에게
나타낼 것을 기억하게 하라 (디도서 3:2)

커져가는 갈등의 불씨를 꺼트리고
화목하게 사는 이들은 복되도다.
그들은 더없는 행복의 상속자요
하나님의 아들이자 평화의 아들이라 불릴 것이다.

오 늘 의 묵 상

June / 6월 24일

구제와 선행에 힘쓰라

하나님 아버지 앞에서 정결하고 더러움이 없는 경건은
곧 고아와 과부를 그 환난 중에 돌보고 또 자기를
지켜 세속에 물들지 아니하는 그것이니라 (야고보서 1:27)

가난한 이들은 여기 우리와 항상 함께 있으니
이는 서로의 필요를 채우고 보살핌으로써
우리를 하나로 묶어주시는
위대하신 하나님 아버지의 계획이다.

오 늘 의 묵 상

June / **6월 25일**

선으로 악을 이기자

네 원수가 주리거든 먹이고 목마르거든 마시게 하라
그리함으로 네가 숯불을 그 머리에 쌓아놓으리라
악에게 지지 말고 선으로 악을 이기라 (로마서 12:20,21)

예술가들은 시커먼 납덩이 위에
불타는 석탄 더미를 올려 녹인다.
그 따뜻한 열기에 금속은 빛을 발하고
녹아내린 은빛 금속은 아래로 떨어진다.

오 늘 의 묵 상

June / 6월 26일

인내하며 선을 행하자

**우리가 선을 행하되 낙심하지 말지니
포기하지 아니하면 때가 이르매 거두리라** (갈라디아서 6:9)

시온을 향해 가는 온유한 순례자들아,
만일 그대들이 쟁기를 쥔 채 뒤돌아보지 않고
실망으로 의기소침하지 않으며
승리가 늦어질 뿐이라 생각하고 의심치 않으면
정한 때에 그분의 은혜로운 약속이
진실로 이루어지리니.
지치지 않고 잘해온 자들은
그들의 영광스러운 분깃을 받게 되리라.

오 늘 의 묵 상

June / **6월 27일**

권위에 순종하자

너는 그들로 하여금 통치자들과
권세 잡은 자들에게 복종하며 순종하며
모든 선한 일 행하기를 준비하게 하며 (디도서 3:1)

주께서는 주님의 백성들을 통치하는
모든 사람들을 위해 기도하라 하셨습니다.
주님의 종을 다스리는
권세자들과 주관자, 통치자들이여
보라, 우리가 우리를 위해 믿음으로 기도하니
이 간청이 헛되지 않게 하라.

오 늘 의 묵 상

June / **6월 28일**

성도의 목표는 일상의 거룩함

끝으로 형제들아 무엇에든지 참되며
무엇에든지 경건하며 무엇에든지 옳으며
무엇에든지 정결하며 무엇에든지 사랑받을 만하며
무엇에든지 칭찬받을 만하며
무슨 덕이 있든지 무슨 기림이 있든지
이것들을 생각하라 (빌립보서 4:8)

영원한 은혜의 아버지
나로 주를 영화롭게 하게 하옵소서.
제 얼굴에 번지는 온화한 빛으로
세상이 주의 형상을 보게 하소서.

오 늘 의 묵 상

June / **6월 29일**

무익한 종

이와 같이 너희도 명령받은 것을
다 행한 후에 이르기를
우리는 무익한 종이라 우리가 하여야 할 일을
한 것뿐이라 할지니라 (누가복음 17:10)

지금의 승리와 나의 과거까지
다 주님의 것이며, 최후까지 그래야만 합니다.
내가 생명의 면류관을 쓴다면
거기서 주님의 손으로만 씌워주소서.

오 늘 의 묵 상

June / 6월 30일

몸으로 영광을 돌리라

너희 몸은 너희가 하나님께로부터 받은 바
너희 가운데 계신 성령의 전인 줄을 알지 못하느냐
너희는 너희 자신의 것이 아니라 값으로 산 것이 되었으니
그런즉 너희 몸으로 하나님께 영광을 돌리라 (고린도전서 6:19,20)

주여, 우리가 아버지 사랑의 능력을
느끼고 인정할 수 있게 허락하소서.
죄를 씻는 그 피와
우리를 주님 것이 되게 하신 그 은혜를.

오 늘 의 묵 상
_____
_____
_____
_____

The
Believer's
Daily
Treasure

07
July

그리스도인이 맛보는 기쁨

July / **7월 1일**

하나님 안에서의 기쁨

그러나 주께 피하는 모든 사람은 다 기뻐하며
주의 보호로 말미암아 영원히 기뻐 외치고 주의 이름을
사랑하는 자들은 주를 즐거워하리이다 (시편 5:11)

그분이 미소 지으시며
내 영혼에 복을 주시기로 계획하시니,
그 어떤 염려도 그 어떤 짐도
나의 평안을 깨뜨릴 수 없도다.
내가 그분을 소유한다면
나는 모든 것을 가진 것이고,
내가 그분을 즐거워한다면
나는 모든 것을 즐거워할 수 있도다.

오 늘 의 묵 상

July / 7월 2일

그리스도 안에서의 기쁨

하나님의 성령으로 봉사하며
그리스도 예수로 자랑하고
육체를 신뢰하지 아니하는 우리가
곧 할례파라 (빌립보서 3:3)

거룩하고 더없는 행복의 빛줄기로
내 주위의 열린 천국이 빛나네.
예수님은 그분의 심장이 나의 것임을 보여주시며
나 또한 주의 것이라고 속삭이시네.

오 늘 의 묵 상

_____
_____
_____
_____

July / **7월 3일**

성령 안에서의 기쁨

하나님의 나라는 먹는 것과 마시는 것이 아니요
오직 성령 안에 있는 의와 평강과 희락이라 (로마서 14:17)

거룩한 성령이시여,
죄악의 밤, 구름을 뚫고 오셔서
우리의 슬픔을 몰아내소서.
즐거움과 기쁨의 원천이신 성령이여 오소서.
주님의 생명으로 호흡하며
주의 빛을 비추게 하소서.

오 늘 의 묵 상

July / **7월 4일**

복음은 기쁨의 원천

즐겁게 소리칠 줄 아는 백성은 복이 있나니 여호와여
그들이 주의 얼굴 빛 안에서 다니리로다 (시편 89:15)

복음의 기쁜 소리를 듣고
깨닫는 영혼은 복 되도다.
평화가 그들이 가는 길에 함께하고
빛이 그들의 발걸음을 에워쌀 것이로다.

오 늘 의 묵 상
_____
_____
_____
_____

July / **7월 5일**

속죄는 기쁨의 원천

그뿐 아니라 이제 우리로 화목하게 하신
우리 주 예수 그리스도로 말미암아
하나님 안에서 또한 즐거워하느니라 (로마서 5:11)

임마누엘의 혈관에서 흘러나온
피로 가득한 샘이 있으니,
죄인들은 그 피 샘에 뛰어들어
그들의 모든 죄책의 짐을 버리네.

도둑은 그의 임종의 때에
그 샘을 보고 기뻐했다네.
주여, 저 또한 악한 죄인이오니
저의 모든 죄를 씻어 주소서.

오 늘 의 묵 상

July / **7월 6일**

성경은 기쁨의 원천

만군의 하나님 여호와시여
나는 주의 이름으로 일컬음을 받는 자라
내가 주의 말씀을 얻어먹었사오니
주의 말씀은 내게 기쁨과
내 마음의 즐거움이오나 (예레미야 15:16)

이 천국의 페이지들은
언제나 나에게 소중한 기쁨이니,
읽을 때마다 새로운 아름다움이
빛을 더해가는도다.

오 늘 의 묵 상
_____
_____
_____
_____

July / **7월 7일**

주일은 기쁨의 원천

이 날은 여호와께서 정하신 것이라
이 날에 우리가 즐거워하고 기뻐하리로다 (시편 118:24)

이 평화로운 날이 종종 오듯이
주님, 저의 생각들을 땅의 것에서 일으켜주시고,
믿음과 소망이란 천상의 날개 위에 실어
천국의 집에 두게 해주시옵소서.
영원히 안식할 어느 날,
삶의 마지막 희미한 빛마저 꺼져갈 때까지.

오 늘 의 묵 상

_____
_____
_____
_____

July / 7월 8일

민음은 기쁨의 원천

예수를 너희가 보지 못하였으나 사랑하는도다
이제도 보지 못하나 믿고 말할 수 없는
영광스러운 즐거움으로 기뻐하니 (베드로전서 1:8)

믿음으로 바라보는
피 흘리시는 구주와
그의 용서하시는 사랑,
죽음을 이기신 소망이
저 천상의 기쁨을 준다.

오 늘 의 묵 상

July / **7월 9일**

용서는 기쁨의 원천

허물의 사함을 받고
자신의 죄가 가려진 자는 복이 있도다
마음에 간사함이 없고
여호와께 정죄를 당하지 아니하는 자는
복이 있도다 (시편 32:1,2)

구주가 미소지으신다! 축복받은 내 영혼에
소망의 새 물결이 넘실대며 밀려오네.
땅에는 천국은 알지 못하는 기쁨이 있으니
새롭게 태어난 평화가 죄를 사하셨네.
그런 깊고도 순수한 기쁨의 눈물로
천사들이여! 결코 시야를 흐리지 마소서.

오 늘 의 묵 상

July / 7월 10일

소망은 기쁨의 원천

또한 그로 말미암아 우리가 믿음으로 서있는
이 은혜에 들어감을 얻었으며
하나님의 영광을 바라고 즐거워하느니라 (로마서 5:2)

믿음으로 비스가 산 정상에 날아오르네.
기쁨으로 그곳에 서서
구름 한 점 없는 하늘 아래를 바라보니
드넓은 약속의 땅이 펼쳐져있네.

광대한 모든 땅의 주님은
나에게 약속하셨으니
온 대지를
믿음으로 볼 수 있는 만큼 주시겠다고.

오 늘 의 묵 상
_____
_____
_____
_____

July / **7월 11일**

경외함은 기쁨의 원천

여호와를 경외하며 그의 길을 걷는 자마다 복이 있도다
네가 네 손이 수고한 대로 먹을 것이라
네가 복되고 형통하리로다 (시편 128:1,2)

주를 하나님으로 섬기며 두려워하는 자여
그대는 말로 다 할 수 없는 행복자로다.
경건한 경외심으로 주의 경고하심을 듣는 자
주의 막대기 앞에서 떠는 자
그는 진정 행복자로다.

오 늘 의 묵 상

July / **7월 12일**

순종은 기쁨의 원천

내가 사랑하는 주의 계명들을
스스로 즐거워하며 (시편 119:47)

내가 그분의 모든 율례에 순종할 때
내 마음속엔 남모르는 기쁨이 있을 것이며
부끄러운 일을 당하지 않고
그분의 모든 이름을 영화롭게 하리라.

오 늘 의 묵 상
_____
_____
_____
_____

July / **7월 13일**

하나님과의 교제는 기쁨의 원천

여러 사람의 말이 우리에게 선을 보일 자 누구뇨 하오니
여호와여 주의 얼굴을 들어 우리에게 비추소서
주께서 내 마음에 두신 기쁨은
그들의 곡식과 새 포도주가 풍성할 때보다
더하니이다 (시편 4:6,7)

주님, 인생이란 무엇입니까?
겸손히 찬양하며 기도하는 가운데
주와 함께 인생을 보낸다면
제 인생이 길든 짧든 조금도 근심하지 않으리니.
비록 세상 떠나게 되어 인생살이의 모든 기쁨이
옛일이 되어버릴 때라도 내 기쁨만은 영원하리라.

오 늘 의 묵 상

July / **7월 14일**

성도와의 교제는 기쁨의 원천

내가 여호와께 아뢰되 주는 나의 주님이시오니
주밖에는 나의 복이 없다 하였나이다
땅에 있는 성도들은 존귀한 자들이니
나의 모든 즐거움이 그들에게 있도다 (시편 16:2,3)

그리스도인들이 함께 열정적으로
기도하는 곳이 감미롭다면,
그들과 거룩한 기쁨과 찬양의 노래를
올려드리는 곳이 감미롭다면,
그들이 영원히 만나는 곳은
틀림없이 감미로우리.

오 늘 의 묵 상

July / **7월 15일**

기도는 기쁨의 원천

내가 곧 그들을 나의 성산으로 인도하여
기도하는 내 집에서 그들을 기쁘게 할 것이며
그들의 번제와 희생을 나의 제단에서 기꺼이 받게 되리니
이는 내 집은 만민이 기도하는 집이라
일컬음이 될 것임이라 (이사야 56:7)

기도는 캄캄한 구름을 몰아내며
야곱이 보았던 사닥다리를 오른다.
기도는 믿음과 사랑에게 힘을 주며
위로부터 오는 모든 축복을 가져온다.

오 늘 의 묵 상

July / **7월 16일**

구원은 기쁨의 원천

우리가 너의 승리로 말미암아 개가를 부르며
우리 하나님의 이름으로 우리의 깃발을 세우리니
여호와께서 네 모든 기도를
이루어주시기를 원하노라 (시편 20:5)

구원! 아 기쁜 소리여!
우리 귀에 들리는 즐거움이로다.
모든 상처를 치유하는 값비싼 향료이며
두려움을 이기는 달콤한 음료다.

오 늘 의 묵 상

July / **7월 17일**

초심은 기쁨의 원천

아침에 주의 인자하심이 우리를 만족하게 하사
우리를 일생 동안 즐겁고 기쁘게 하소서 (시편 90:14)

은혜는 뿌린 곳마다 자라나는 나무
순수한 천국의 뿌리를 가진 나무다.
어릴 때 가장 어여쁘고
가장 달콤한 과일이 열린다.

오 늘 의 묵 상

July / **7월 18일**

선한 양심은 기쁨의 원천

우리가 세상에서 특별히 너희에 대하여
하나님의 거룩함과 진실함으로 행하되
육체의 지혜로 하지 아니하고 하나님의 은혜로 행함은
우리 양심이 증언하는 바니
이것이 우리의 자랑이라 (고린도후서 1:12)

사람들은 이 땅에서 비천하게 살지만
높은 곳에 거하는 행복한 영혼이여,
그의 소망은 저 하늘에 고정되어 있으니
믿음이 두려움을 막아주네.

그의 양심은 모든 죄로부터 씻겼으니
사랑과 평화, 기쁨이 함께 거한다.
거룩한 샘을 가지고 삶을 만드는 것은
비밀스럽고 신령하도다.

오 늘 의 묵 상

_____
_____
_____
_____

July / **7월 19일**

구제는 기쁨의 원천

범사에 여러분에게 모본을 보여준 바와 같이
수고하여 약한 사람들을 돕고
또 주 예수께서 친히 말씀하신 바
주는 것이 받는 것보다 복이 있다 하심을
기억하여야 할지니라 (사도행전 20:35)

마음을 울리는 동정심의 부름에
그의 마음을 넓히는 이는 복 있는 자다.
그 손의 풍성한 축복이
천국에서 내리는 만나 같도다.

오 늘 의 묵 상

July / **7월 20일**

고난은 기쁨의 원천

다만 이뿐 아니라 우리가 환난 중에도 즐거워하나니
이는 환난은 인내를, 인내는 연단을,
연단은 소망을 이루는 줄 앎이로다 (로마서 5:3,4)

이 세상을 우리 집이라 부르지 말고
우리 정해진 날을 기다립시다.
이국의 땅에 사는 순례자들에게
역경은 반드시 찾아오게 마련이니.

세상을 지배하는 자 끝날에 역전되리니
비록 고난이 홍수처럼 강할지라도
쉼의 왕국에 들어가기까지 성도들아 견디어라.
그들에게 좋은 것이 예비되어 있다.

오 늘 의 묵 상

July / 7월 21일

현세의 복은 기쁨의 원천

너희는 먹되 풍족히 먹고
너희에게 놀라운 일을 행하신
너희 하나님 여호와의 이름을 찬송할 것이라
내 백성이 영원히 수치를 당하지 아니하리로다 (요엘서 2:26)

부유함은 그대를 격려하는 빛이며
인생길을 금빛으로 물들이고
차오르는 눈물을 가끔은 막아주고
그 눈물을 씻겨주리.

오 늘 의 묵 상

July / **7월 22일**

영적인 복은 기쁨의 원천

여호와께서 주시는 복은 사람을 부하게 하고
근심을 겸하여 주지 아니하시느니라 (잠언 10:22)

주님의 사랑이 생명보다 나으니
내 곁에 있는 모든 것보다 소중합니다.
저 위의 천국을 내가 가졌으니
대체 무엇을 주와 비교할 수 있겠습니까?

오 늘 의 묵 상

July / **7월 23일**

주님의 보호는 기쁨의 원천

주는 나의 도움이 되셨음이라
내가 주의 날개 그늘에서 즐겁게 부르리이다 (시편 63:7)

주는 나의 도움이시니
내 영혼은 당신께로 달아납니다.
저는 즐거이 소망으로
당신의 보살피시는 섭리를 의지합니다.

오 늘 의 묵 상

July / 7월 24일

용납받음은 기쁨의 원천

너는 가서 기쁨으로 네 음식물을 먹고
즐거운 마음으로 네 포도주를 마실지어다
이는 하나님이 네가 하는 일들을
벌써 기쁘게 받으셨음이니라 (전도서 9:7)

저를 향한 주님 사랑의 눈으로 보니
모든 것들이 기쁨으로 충만합니다.
이곳에서 주님과 함께 걷다가
주님 앞에서 죽고 싶습니다!
주님을 소유했음이
저의 행복의 전부입니다.
이 땅에서나 천국에서나
진짜 행복을 증명해보이겠습니다.

오 늘 의 묵 상

_____
_____
_____
_____

July / **7월 25일**

슬픔이 지나면 기쁨이 온다

그의 노염은 잠깐이요 그의 은총은 평생이로다
저녁에는 울음이 깃들일지라도
아침에는 기쁨이 오리로다 (시편 30:5)

낮이 점점 줄어들 때
주님은 영혼에 다시
맑게 빛나는 계절을 주신다.
비 온 뒤 생기를 주시기 위해.

오 늘 의 묵 상

July / 7월 26일

기쁨은 성도의 의무

너희 의인들아 여호와를 기뻐하며 즐거워할지어다
마음이 정직한 너희들아 다 즐거이 외칠지어다 (시편 32:11)

노래하기 거부하는 이들은 놔두어라.
그들은 주님을 절대 모르니까
하지만 천국의 백성들은
기쁨을 널리 널리 퍼트려야 한다.

오늘의 묵상

July / **7월 27일**

그리스도에게 기쁨을 구하라

지금까지는 너희가 내 이름으로
아무것도 구하지 아니하였으나 구하라 그리하면 받으리니
너희 기쁨이 충만하리라 (요한복음 16:24)

동행해주는 자가 없는
어둡고 생기 없는 아침,
주님 자비의 광선을 우리가 보는 날이
돌아올 때까지 기쁨이 없네.
새벽이 가까워오니
우리 마음에 샛별이 떠오르네.

오 늘 의 묵 상

_____
_____
_____
_____

July / 7월 28일

만족스러운 기쁨을 얻다

주께서 택하시고 가까이 오게 하사
주의 뜰에 살게 하신 사람은 복이 있나이다
우리가 주의 집 곧 주의 성전의 아름다움으로
만족하리이다 (시편 65:4)

이 기쁨은 만족을 주며
마음을 신성하게 한다.
또 우리 영을 하늘로 올려
세상을 뒤로 하고 떠나게 하네.

오 늘 의 묵 상
_____
_____
_____
_____

July / **7월 29일**

변하지 않는 기쁨을 얻다

내가 이것을 너희에게 이름은
내 기쁨이 너희 안에 있어
너희 기쁨을 충만하게 하려 함이라 (요한복음 15:11)

살아 계신 주님은 저의 것이 아닙니까?
하늘과 땅을 지으신 그 말씀,
주의 그 영원하신 말씀에 고정된
제 소망과 위로가 어떻게 죽을 수 있겠습니까?

오 늘 의 묵 상

July / 7월 30일

죽음 앞에서 기뻐함

시므온이 아기를 안고 하나님을 찬송하여 이르되
주재여 이제는 말씀하신 대로
종을 평안히 놓아주시는도다 (누가복음 2:28,29)

우리 인생의 날수를 계수하여
마침내 요단강 앞에 설 때
비록 육신은 죽음의 공포를 당하나
그때 영은 침몰되지 않게 하소서.
강한 믿음, 소망, 사랑으로
위로 올라갈 그 강물로 뛰어듭니다.

오 늘 의 묵 상

July / 7월 31일

기쁨의 완성은 천국이다

그 주인이 이르되 잘하였도다 착하고 충성된 종아
네가 적은 일에 충성하였으매 내가 많은 것을 네게 맡기리니
네 주인의 즐거움에 참여할지어다 하고 (마태복음 25:21)

그리스도의 용사여 잘하였도다!
그대의 새로운 입성을 찬미하노니
영원토록 시대가 흐르는 동안
우리 구주의 기쁨 안에서 안식하여라.

오 늘 의 묵 상

08
August

슬픔을
이길 힘을
얻다

August / **8월 1일**

성도가 겪게 되는 슬픔

이것을 너희에게 이르는 것은
너희로 내 안에서 평안을 누리게 하려 함이라
세상에서는 너희가 환난을 당하나 담대하라
내가 세상을 이기었노라 (요한복음 16:33)

슬픔의 길, 그 길만이
슬픔을 모르는 땅으로 인도하네.
그가 가는 길에 가시덤불이 없다면
그 여행자는 결코 복된 처소에 이르지 못하네.

오 늘 의 묵 상

August / 8월 2일

주의 호의로 슬픔을 이기다

주의 구원의 즐거움을 내게 회복시켜주시고
자원하는 심령을 주사 나를 붙드소서 (시편 51:12)

흘러가는 구름이 왜 그대의 가슴을 짓누르게 하여
답답한 생각으로 마음을 산만하게 두는가?
돌아서라, 모든 고통에서 주께로 돌아서라.
주께 간청했던 자들은 결코 헛수고하지 않았으니.

오 늘 의 묵 상

August / **8월 3일**

죄를 버리고 슬픔을 이기다

내 지체 속에서 한 다른 법이 내 마음의 법과 싸워
내 지체 속에 있는 죄의 법으로
나를 사로잡는 것을 보는도다 (로마서 7:23)

본성은 정욕을 일으키며
천국의 삶을 싫어한다.
그러나 전능한 은혜가
구원하시는 힘으로 성도를 무장시키리니
치열한 전쟁에서 도움을 얻고
마지막 전투도 거뜬히 마치리라.

오 늘 의 묵 상

August / 8월 4일

거짓된 마음을 버려 슬픔을 이기다

만물보다 거짓되고 심히 부패한 것은 마음이라
누가 능히 이를 알리요마는 (예레미야 17:9)

주님, 저의 흔들리는 마음과 어리석음을
눈물을 흘리며 고백합니다.
이 마음은 언제 주님에게만 의지하여
주님의 은혜로 더 안정이 되겠습니까?

오 늘 의 묵 상

August / 8월 5일

은혜를 알아 슬픔을 이기다

또 악으로 선을 대신하는 자들이
내가 선을 따른다는 것 때문에 나를 대적하나이다
여호와여 나를 버리지 마소서
나의 하나님이여 나를 멀리하지 마소서 (시편 38:20,21)

너무나 아끼던 자에게 속아
상처 입은 마음이 가슴에 가득한 그대를
주께서 불쌍히 여기사 도움을 베푸실 것이다.
이 땅에서 심한 간고를 겪으신 그분은
한때 매일 같이 양식을 나누던 이들에게
배신당하고 거부당하며 버림받으셨다.

오 늘 의 묵 상

August / 8월 6일

세상의 비난을 기꺼이 여겨 슬픔을 이기다

그런즉 우리도 그의 치욕을 짊어지고
영문 밖으로 그에게 나아가자 (히브리서 13:13)

주님의 소중한 그 이름 때문에
제 얼굴이 창피와 수모로 뒤덮인대도
주께서 저를 기억하신다면
그 비난과 수치를 기꺼이 받아들이겠습니다.

오 늘 의 묵 상

August / **8월 7일**

박해의 슬픔을 이기다

내가 환난 중에 다닐지라도 주께서 나를 살아나게 하시고
주의 손을 펴사 내 원수들의 분노를 막으시며
주의 오른손이 나를 구원하시리이다 (시편 138:7)

사람은 날 괴롭게 하고 곤경에 빠트릴지 모르나
이는 내가 그분의 가슴에 기대게 하네.
삶의 힘든 시련들이 날 짓누를지 모르나
천국은 내게 더 달콤한 쉼을 줄 것이네.

오 늘 의 묵 상

August / 8월 8일

상실의 슬픔을 이기다

이르되 내가 모태에서 알몸으로 나왔사온즉
또한 알몸이 그리로 돌아가올지라
주신 이도 여호와시요 거두신 이도 여호와시오니
여호와의 이름이 찬송을 받으실지니이다 하고 (욥기 1:21)

주는 자에게 복이 있다고 하지만
구원하려고 벌하는 자,
도로 앗아가는 자.
상처받은 마음을 치유하는 자도 복이 있다.
천국을 사모하며 땅에서 순종하는 자는
그의 모든 길에서 완전하고 진실하다.

오 늘 의 묵 상

August / 8월 9일

다른 사람의 죄를 슬퍼함

그들이 주의 법을 지키지 아니하므로
내 눈물이 시냇물 같이 흐르나이다 (시편 119:136)

내 주위의 사람들이 잠들어 있는
그 어두운 마음의 밤을 슬퍼합니다.
전능하신 아버지, 주님의 힘으로
잠들어있는 저들을 깨워주소서.

오 늘 의 묵 상

August / 8월 10일

악인들이 많음으로 슬퍼함

좁은 문으로 들어가라 멸망으로 인도하는 문은
크고 그 길이 넓어 그리로 들어가는 자가 많고
생명으로 인도하는 문은 좁고
길이 협착하여 찾는 자가 적음이라 (마태복음 7:13,14)

하늘의 기쁨으로 이끄는
좁은 길, 좁은 문.
그 문을 찾는 자는 적다.
많은 사람들이 착각하여 죽는다.

오 늘 의 묵 상

August / 8월 11일

죄악보다 슬픔을 택하라

믿음으로 모세는 장성하여 바로의 공주의
아들이라 칭함받기를 거절하고
도리어 하나님의 백성과 함께 고난받기를
잠시 죄악의 낙을 누리는 것보다 더 좋아하고 (히브리서 11:24,25)

이곳에서 진짜 행복을 찾아
희망을 쌓아가는 일은 내 몫이 아니다.
나는 죄악의 손들이 짓지 않는 도시를 구하며
죄로 더럽혀지지 않은 나라를 갈망한다.

오 늘 의 묵 상

August / 8월 12일

어려움을 겪더라도 낙심하지 않음

비록 무화과나무가 무성하지 못하며
포도나무에 열매가 없으며
감람나무에 소출이 없으며 밭에 먹을 것이 없으며
우리에 양이 없으며 외양간에 소가 없을지라도
나는 여호와로 말미암아 즐거워하며
나의 구원의 하나님으로 말미암아
기뻐하리로다 (하박국서 3:17,18)

나의 재산과 안락함을 모두 잃고
부풀어오던 희망들이 내 앞에서 사라진다 해도
여전히 난 내 구주를 믿을 것이다.
그분의 비길 데 없는 은혜는 여전히 거기 있으니.

오 늘 의 묵 상

August / 8월 13일

고난 중에 위로

이 말씀은 나의 고난 중의 위로라
주의 말씀이 나를 살리셨기 때문이니이다 (시편 119:50)

그분의 말씀을 믿기에
우리가 가야 할 이 좁은 길을 걷습니다.
소중히 여겨왔던 즐거움이 좀 달아난들
남들에게 으쓱할 만한 꿈이
좀 사라진들 뭐가 중요합니까?
여전히 더 순수하고 빛나는 기쁨은 남아있습니다.
그러니 왜 제가 불평하겠습니까?

오 늘 의 묵 상

August / 8월 14일

고난의 본이 되신 그리스도

이를 위하여 너희가 부르심을 받았으니
그리스도도 너희를 위하여 고난을 받으사
너희에게 본을 끼쳐 그 자취를
따라오게 하려 하셨느니라 (베드로전서 2:21)

영광스러운 우리 지도자는 몸소 본을
보이셨기에 우리의 찬양을 요구하신다.
증인들의 기나긴 구름떼는
천국으로 가는 같은 길을 보여준다.

오 늘 의 묵 상
___
___
___
___

August / 8월 15일

고난의 본을 보인 증인들

이러므로 우리에게
구름같이 둘러싼 허다한 증인들이 있으니
모든 무거운 것과 얽매이기 쉬운 죄를 벗어버리고
인내로써 우리 앞에 당한 경주를 하며 (히브리서 12:1)

한때 그들은 이 땅에서 슬퍼했으며
침상을 눈물로 적셨다.
우리가 지금 그렇듯이, 그들 또한
죄와 의심, 두려움과 힘겹게 싸웠다.

오 늘 의 묵 상

August / **8월 16일**

고난의 본을 보인 선지자들

형제들아 주의 이름으로 말한 선지자들을
고난과 오래 참음의 본으로 삼으라 (야고보서 5:10)

그들처럼 달려가야 할 길,
우리도 열망해야 하지 않을까?
우리가 면류관을 쓰려면
먼저 십자가를 짊어져야 한다.
주의 가르치심의 길을 그들이 보였으니
먼저는 믿고, 그다음은 따라가세.

오 늘 의 묵 상

_____
_____
_____
_____

August / **8월 17일**

고난은 스스로를 낮추게 한다

내가 돌이킨 후에 뉘우쳤고 내가 교훈을 받은 후에
내 볼기를 쳤사오니 이는 어렸을 때의 치욕을 지므로
부끄럽고 욕됨이니이다 하도다 (예레미야 31:19)

그분의 발밑에 누워있는 저는 어리석은 자입니다.
주께서 저를 낮추셨으니
제가 죽지 않도록 주님의 심판을 거두소서.
주께서 치심으로 저는 혼미합니다.

오 늘 의 묵 상

August / **8월 18일**

고난은 죄를 뉘우치게 한다

그들이 그 죄를 뉘우치고
내 얼굴을 구하기까지 내가 내 곳으로 돌아가리라
그들이 고난받을 때에 나를 간절히 구하리라 (호세아 5:15)

환난이 내 심장을 찌른다 한들 어쩌겠는가!
나는 그 쓰라린 손길을 복으로 받아들이네.
그로 인해 잠시 동안 눈물을 흘렸지만
영원한 슬픔에서 나를 건졌으니.

오 늘 의 묵 상
_____
_____
_____
_____

August / **8월 19일**

고난은 인내를 낳는다

이는 너희 믿음의 시련이
인내를 만들어내는 줄 너희가 앎이라
인내를 온전히 이루라
이는 너희로 온전하고 구비하여
조금도 부족함이 없게 하려 함이라 (야고보서 1:3,4)

파도와 구름과 폭풍을 통과하여
주께서는 그분의 길을 뚫으시네.
칠흑 같은 밤에 그분의 때를 기다리는 자는
결국 가장 밝은 날을 맞이하겠네.

오 늘 의 묵 상

August / 8월 20일

고난은 겸손하게 한다

내가 악하면 화가 있을 것이오며
내가 의로울지라도 머리를 들지 못하는 것은
내 속에 부끄러움이 가득하고
내 환난을 내 눈이 보기 때문이니이다 (욥기 10:15)

애통해하는 진정 겸손한 심령은
기쁨으로 기름부음 받을 것이다.
회개함으로 눈물 흘리는 자는
천국에 있는 선조들의 평화가 임할 것이다.

August / 8월 21일

고난은 순종하게 한다

내가 잠잠하고 입을 열지 아니함은
주께서 이를 행하신 까닭이니이다 (시편 39:9)

위대하신 하나님 전부 가져가소서.
저는 슬퍼하지 않습니다.
여전한 바람은 그래도 남아있는 것이 있었으면 하나
너만의 파라다이스를 떠나라는
주님의 목소리를 듣습니다.
저는 감사하며 순종합니다.
주님의 말씀에 군말하지 않을 것이며
천사에게 칼을 거두어달라고도 하지 않겠습니다.

오 늘 의 묵 상

August / 8월 22일

고난은 소망을 준다

내 영혼아 네가 어찌하여 낙심하며
어찌하여 내 속에서 불안해하는가
너는 하나님께 소망을 두라
그가 나타나 도우심으로 말미암아
내 하나님을 여전히 찬송하리로다 (시편 43:5)

가장 암울한 날에도 한 가닥 빛이 있다.
가장 어두운 파도라도 밝은 거품을 머금는다.
자욱한 밤하늘 사이로도 반짝이며
응원해주는 어떤 별 하나가 있다.

오 늘 의 묵 상

August / **8월 23일**

고난은 거룩하게 한다

무릇 징계가 당시에는
즐거워 보이지 않고 슬퍼 보이나
후에 그로 말미암아 연단받은 자들은
의와 평강의 열매를 맺느니라 (히브리서 12:11)

우리 마음은 이 세상에 단단히 묶여있네.
강하고 끝도 없는 동아줄로
그러나 모든 슬픔들은 그 줄을 끊어버리고
우리에게 일어나라고 재촉한다.

오 늘 의 묵 상

August / 8월 24일

고난은 진실을 시험해볼 수 있다

그러나 내가 가는 길을 그가 아시나니
그가 나를 단련하신 후에는
내가 순금같이 되어 나오리라 (욥기 23:10)

내 영혼 어둔 물결 속에서
슬픔이 몰려오고 위험이 닥쳐온대도,
친구들도 거짓되고 사랑도 쇠잔하여
내 날들이 얼마 남지 않고 악할지라도,
앞으로 최악의 병에 걸린다 해도
주님을 사랑합니다! 나 여전히 주를 사랑합니다.

오늘의 묵상

August / 8월 25일

고난은 죄를 되짚어볼 수 있다

혹시 그들이
족쇄에 매이거나 환난의 줄에 얽혔으면
그들의 소행과 악행과 자신들의 교만한 행위를
알게 하시고 (욥기 36:8,9)

이전에 있던 희망은 달아났고
공포는 이제 시작됐습니다.
아! 저는 허물과 죄악 가운데
죽었다고 느낍니다.

오 늘 의 묵 상

August / 8월 26일

고난은 기도로 이끌어준다

우리 조상들의 죄악을 기억하지 마시고
주의 긍휼로 우리를 속히 영접하소서
우리가 매우 가련하게 되었나이다 (시편 79:8)

시험당할 때, 너무나 외롭고, 낙심될 때,
도움을 구하려 나는 어디로 달아날까?
지옥의 영들에게 패배하여 고난당하는
성도들을 위한 속죄소는 어디 있을까?

오 늘 의 묵 상

August / 8월 27일

고난은 하나님께로 돌이키게 한다

그러므로 내가 가시로 그 길을 막으며 담을 쌓아
그로 그 길을 찾지 못하게 하리니
그가 그 사랑하는 자를 따라갈지라도
미치지 못하며 그들을 찾을지라도 만나지 못할 것이라
그제야 그가 이르기를 내가 본 남편에게로 돌아가리니
그 때의 내 형편이 지금보다 나았음이라 하리라 (호세아 2:6,7)

오래도록 환난 없이 걱정 없이
즐거움의 길에서 방심하여 옆길로 샜네.
주님께서 훈계하시는 성난 막대기를 느끼니
곧바로 나의 하나님께 향하네.

오 늘 의 묵 상

August / 8월 28일

고난은 믿음을 훈련시킨다

그러므로 너희가 이제 여러 가지 시험으로 말미암아
잠깐 근심하게 되지 않을 수 없으나
오히려 크게 기뻐하는도다 너희 믿음의 확실함은
불로 연단하여도 없어질 금보다
더 귀하여 예수 그리스도께서 나타나실 때에
칭찬과 영광과 존귀를 얻게 할 것이니라 (베드로전서 1:6,7)

섭리의 길은 숨겨져 있으니
그분을 사랑하는 자가 신음하는구나.
그분의 뜻은 우리 지각으로부터 감추어져 있으니
신비스럽고 알 수가 없도다.

오 늘 의 묵 상

_____
_____
_____
_____

August / 8월 29일

고난은 연약함을 깨닫게 한다

나의 거처는
목자의 장막을 걷음같이 나를 떠나 옮겨졌고
직공이 베를 걷어 말음같이 내가 내 생명을 말았도다
주께서 나를 틀에서 끊으시리니
조석간에 나를 끝내시리라 (이사야 38:12)

주님, 나의 삶에 끝이 있다는 것을 알게 하소서.
그날들이 또한 얼마나 짧은지를,
나의 전성기가 얼마나 덧없는지를
언제든 깨달을 수 있게 하소서.

오 늘 의 묵 상

August / 8월 30일

고난은 받았던 은혜를 되돌아보게 한다

우리는 우리 자신이 사형 선고를 받은 줄 알았으니
이는 우리로 자기를 의지하지 말고
오직 죽은 자를 다시 살리시는 하나님만 의지하게 하심이라
그가 이같이 큰 사망에서 우리를 건지셨고 또 건지실 것이며
이후에도 건지시기를 그에게 바라노라 (고린도후서 1:9,10)

지난날 베푸셨던 그분의 사랑은
곤경에 빠진 우리를 두고
끝내 그분이 떠날 거라는 생각을 막아준다.
지금까지 도와주신 은혜를 하나하나 돌이켜보고
끝까지 나를 도우시는 그분의 선하심을 확인한다.

오 늘 의 묵 상

August / **8월 31일**

역경 뒤에 영광이 온다

우리가 잠시 받는 환난의 경한 것이
지극히 크고 영원한 영광의 중한 것을
우리에게 이루게 함이니 (고린도후서 4:17)

모든 시험과 슬픔은 그리스도인으로 하여금
저 천국에서의 삶을 준비시킨다.
이 땅에서는 환난이 그를 기다리나
그곳에는 변치 않는 사랑의 미소가 있다.

오 늘 의 묵 상

09
September

인내로써
시험을
이기다

September / **9월 1일**

하나님께서 허락하신 시험

여호와께서 사탄에게 이르시되
내가 그의 소유물을 다 네 손에 맡기노라
다만 그의 몸에는 네 손을 대지 말지니라
사탄이 곧 여호와 앞에서 물러가니라 (욥기 1:12)

그분의 성실하심이 여전히 나를 붙드시니
가망이 없어 보여도 희망을 가지면
사탄의 제안을 거절하시고
하나님은 끝내 돌이켜 도우실 것이로다.

오 늘 의 묵 상

September / 9월 2일

하나님은 시험하시지 않는다

사람이 시험을 받을 때에
내가 하나님께 시험을 받는다 하지 말지니
하나님은 악에게 시험을 받지도 아니하시고
친히 아무도 시험하지 아니하시느니라
오직 각 사람이 시험을 받는 것은
자기 욕심에 끌려 미혹됨이니 (야고보서 1:13,14)

나의 죄악이 비록 크다 하여도
주 은혜의 힘과 영광을 능가할 수는 없으니
모든 죄에서 제 영혼을 씻기시고
양심의 가책에서 깨끗하게 하여소서.

오 늘 의 묵 상
_____
_____
_____
_____

September / **9월 3일**

사탄이 주는 시험

이는 우리로 사탄에게 속지 않게 하려 함이라
우리는 그 계책을 알지 못하는 바가 아니로라 (고린도후서 2:11)

사탄의 강력한 시험을 두려워 말라!
비록 사탄이 그대를 날마다 조롱하고
그대의 죄성에 낙심하여 위축될지라도
어린양의 구속하시는 피로
그대는 이기리로다.

오 늘 의 묵 상

September / 9월 4일

타락한 본성에서 오는 시험

그러므로 내가 한 법을 깨달았노니 곧 선을 행하기
원하는 나에게 악이 함께 있는 것이로다 (로마서 7:21)

죄의 짐에 눌려 근심에 싸인 이 마음에서
그 누가 나를 해방시킬까?
비참하다! 내 하나님께
어떻게 인정받을까?

내 영혼이 그분께로,
돌이키시는 구주께 향하니
나 그분의 피로 씻기고 은혜로 구원받아
내 영혼 더 이상 슬프지 않네.

오 늘 의 묵 상
_____
_____
_____
_____

September / 9월 5일

재물을 사랑함으로 오는 시험

부하려 하는 자들은 시험과 올무와 여러 가지
어리석고 해로운 욕심에 떨어지나니 곧 사람으로
파멸과 멸망에 빠지게 하는 것이라 (디모데전서 6:9)

이 땅에 부를 쌓아두지 않게 하시고
주님의 소망, 주님의 기쁨, 주님의 보화를 쌓게 하소서.
이곳은 슬픔이 순례자의 길을 흐리고
즐거운 일에는 어김없이 훼방을 놓습니다.
이 땅의 전부, 모든 것이 반드시 사라지고 죽습니다.
우리가 간직해온 가장 소중했던 희망들과
가장 밝은 빛이 감돌던 장면들도
모두 사라지니 이미 결정된 바입니다.

오 늘 의 묵 상

September / 9월 6일

사람을 두려워해서 오는 시험

사람을 두려워하면 올무에 걸리게 되거니와
여호와를 의지하는 자는 안전하리라 (잠언 29:25)

세상 사람들의 조롱과 찌푸림,
그 모든 것들이 내게 무엇인가!
주님의 미소 한 번의 무게를 달아보면
그것들은 가치가 없다.
주님은 단연코 더 깊은 슬픔을 견디셨으니
이 모든 것이 가시 하나만도 못한 하찮은 것들이다.

오 늘 의 묵 상

September / 9월 7일

선한 일에 게으르게 만드는 시험

너희가 달음질을 잘 하더니 누가 너희를 막아
진리를 순종하지 못하게 하더냐 (갈라디아서 5:7)

우리 삶이 비열하게 당신을 저버려
주의 얼굴을 무시하고 먹칠하느니
구원의 은혜로 천국 가는 길을
아예 몰랐던 것이 낫지 않는가.

오 늘 의 묵 상
_____
_____
_____
_____

September / **9월 8일**

율법주의의 유혹

너희가 이같이 어리석으냐 성령으로 시작하였다가
이제는 육체로 마치겠느냐 (갈라디아서 3:3)

가거라, 율법에 의지해서 사는 너희여,
거기서 고생하며 구원을 찾아보아라.
모세가 보았던 그 불길을 보고
움츠려 떨며 절망에 빠지라.

그러나 나는 십자가 아래로 물러나
구주의 귀하신 발밑에 누우리니
공의가 뽑은 날카로운 칼,
불같은 붉은 그 칼은 나를 지나쳐가리라.

오 늘 의 묵 상

_____
_____
_____
_____

September / **9월 9일**

형식적 신앙생활의 유혹

너는 일깨어 그 남은 바 죽게 된 것을 굳건하게 하라
내 하나님 앞에 네 행위의 온전한 것을
찾지 못하였노니 (요한계시록 3:2)

하나님은 공평과 지혜의 영이시다.
그분은 우리의 가장 깊은 마음도 살피신다.
우리 영혼은 뒤로 한 채
헛되이 하늘을 향해 소리 높여 우는도다.

오 늘 의 묵 상

September / **9월 10일**

나태한 신앙생활의 유혹

그러나 너를 책망할 것이 있나니
너의 처음 사랑을 버렸느니라
그러므로 어디서 떨어졌는지를 생각하고
회개하여 처음 행위를 가지라 만일 그리하지 아니하고
회개하지 아니하면 내가 네게 가서
네 촛대를 그 자리에서 옮기리라 (요한계시록 2:4,5)

가는 중에 속도를 내려면
주님의 은혜가 필요합니다.
제가 속도를 늦추고 늑장을 부리거나
길을 잃고 발길을 돌리지 않게 하소서.

오 늘 의 묵 상

September / **9월 11일**

허랑방탕한 삶의 유혹

내가 내 몸을 쳐 복종하게 함은
내가 남에게 전파한 후에
자신이 도리어 버림을 당할까
두려워함이로다 (고린도전서 9:27)

주의 율례를 저버릴 때
나의 영광이 어둑하게 빛날 때
나의 서원을 깨뜨려버릴 때
예수님, 그때 주를 기억하니
주님 사랑의 눈길이
나의 방황을 막아줍니다.

오 늘 의 묵 상

September / 9월 12일

죄를 하찮게 여기게 되는 유혹

그런즉 우리가 무슨 말을 하리요
은혜를 더하게 하려고 죄에 거하겠느냐 (로마서 6:1)

은혜를 더하려고
죄를 계속 지으려는가?
주님을 다시 못 박고
그분의 상처를 모두 벌리려고?
그리스도께서 우리를 자유롭게 하셨으니
우리는 더는 죄의 종이 아니다.
우리의 폭군들을 십자가에 못 박고
우리의 자유를 사셨다.

오 늘 의 묵 상

September / 9월 13일

영적 교만의 유혹

누가 너를 남달리 구별하였느냐
네게 있는 것 중에 받지 아니한 것이 무엇이냐
네가 받았은즉 어찌하여
받지 아니한 것같이 자랑하느냐 (고린도전서 4:7)

종종 눈을 제 속으로 돌려
잠재된 죄악을 끄집어내나
교만, 제가 가장 싫어하는 이 악은
여전히 제 가슴에 굳건히 도사리고 있습니다.

오 늘 의 묵 상

September / 9월 14일

악인이 부러워지는 유혹

나는 거의 넘어질 뻔하였고
나의 걸음이 미끄러질 뻔하였으니
이는 내가 악인의 형통함을 보고
오만한 자를 질투하였음이로다 (시편 73:2,3)

그들의 발은 미끄러운 곳에 있고
그들의 부유함은 그림자같이 신속히 날아가며
그들의 영예는 큰 치욕 가운데 끝나니
낄낄거리며 살다가 괴로워하며 죽는도다.

오 늘 의 묵 상
_____
_____
_____
_____

September / 9월 15일

하나님을 의심하게 만드는 유혹

오늘 있다가 내일 아궁이에 던져지는 들풀도
하나님이 이렇게 입히시거든
하물며 너희일까보냐 믿음이 작은 자들아 (마태복음 6:30)

나에게 곧 무슨 일이 생길지 알지 못하고
나의 부족함이 어떻게 채워질지 모르나
예수님은 다 아시며 공급해주실 것이다.

사람의 위로가 점점 사라져 없을 때
세상 사람들은 울지 모르나 왜 내가 그래야 하는가?
예수님은 아직 살아 계시며 여전히 가까우시다.

오 늘 의 묵 상

September / 9월 16일

절망의 유혹

나는 설 곳이 없는 깊은 수렁에 빠지며
깊은 물에 들어가니 큰 물이 내게 넘치나이다
내가 부르짖음으로 피곤하여 나의 목이 마르며
나의 하나님을 바라서 나의 눈이 쇠하였나이다 (시편 69:2,3)

하나님의 보좌 앞에 엎드립니다.
절망으로 이것밖에는 할 수 없나이다.
주의 발 앞에서 망할 자 없으니
영원히 그곳에 눕겠습니다.

오 늘 의 묵 상

September / **9월 17일**

시험은 성도를 겸손하게 한다

여러 계시를 받은 것이 지극히 크므로
너무 자만하지 않게 하시려고
내 육체에 가시 곧 사탄의 사자를 주셨으니 이는 나를 쳐서
너무 자만하지 않게 하려 하심이라 (고린도후서 12:7)

내 가슴에 가시 하나 박혀있다 한들
바람과 염려가 많은들 어쩌겠는가!
나의 길이 파란만장했던 흔적이니
내 속에 사시는 분, 나의 하나님께서 말씀하셨다.
"나의 은총은 너의 것이니 날마다 너에게 힘을 주노라."

오 늘 의 묵 상

September / 9월 18일

저항해야 할 유혹

우리의 씨름은 혈과 육을 상대하는 것이 아니요
통치자들과 권세들과 이 어둠의 세상 주관자들과
하늘에 있는 악의 영들을 상대함이라 (에베소서 6:12)

씨름하고 싸우고 기도하는 데
점점 더 강해지라.
모든 어둠의 세력을 짓밟아
잘 싸운 날을 얻으라.

오 늘 의 묵 상

_____
_____
_____
_____

September / **9월 19일**

자리를 피해야 하는 유혹

사악한 자의 길에 들어가지 말며
악인의 길로 다니지 말지어다
그의 길을 피하고 지나가지 말며
돌이켜 떠나갈지어다 (잠언 4:14,15)

악한 세상과 악한 마음은
사탄과 결합되어있는 것.
이 둘은 내 마음을 괴롭히는 데
각각 아주 성공적인 역할을 한다.

그러나 원수가 아무리 강할지라도
내 구주의 힘으로 싸워내면
나는 끝내 모든 것과 겨룰 수 있는
승리자가 될 것이다.

오 늘 의 묵 상

September / **9월 20일**

깨어 기도함으로 피해야 할 유혹

시험에 들지 않게 깨어 기도하라
마음에는 원이로되 육신이 약하도다 하시고 (마태복음 26:41)

캄캄한 겟세마네로 가보라.
가서 시험하는 자의 힘을 느끼고
구주의 갈등을 생각해보라.
혹독한 한 시간을 주와 함께 깨어있으라.
그분의 큰 슬픔을 외면하지 말고
예수 그리스도의 기도를 배우라.

오 늘 의 묵 상
_____
_____
_____
_____

September / **9월 21일**

믿음으로 정복하는 시험

모든 것 위에 믿음의 방패를 가지고
이로써 능히 악한 자의 모든 불화살을 소멸하고(에베소서 6:16)

믿음이 정복하는 힘을 발휘하도록 힘껏 노력하라.
시험당하여 덜덜 떨고 있을 때 외치라.
"내 하나님, 내 아버지, 주의 아들을 구하소서!"
이 소리 들으실 때 그대의 모든 두려움 끝나리라.

오 늘 의 묵 상

September / **9월 22일**

유혹에 대비하여 무장하라

그러므로 하나님의 전신갑주를 취하라 이는 악한 날에
너희가 능히 대적하고 모든 일을 행한 후에
서기 위함이라 (에베소서 6:13)

하나님의 전신갑주를 입고 서있는
그리스도인 전사를 보라.
그의 손엔 성령의 검이 있고
그의 발은 복음의 신을 신었다.

오 늘 의 묵 상

September / **9월 23일**

시험으로부터 보호하심

네가 나의 인내의 말씀을 지켰은즉
내가 또한 너를 지켜 시험의 때를 면하게 하리니
이는 장차 온 세상에 임하여 땅에 거하는 자들을
시험할 때라 (요한계시록 3:10)

사탄의 간계에서 지키시니
위험에서 안전하고, 두려움에서 자유하네.
하나님의 자녀들이 아버지의
끝없는 사랑을 증명할
약속의 때가 올 때까지
주의 미소로 살아가리라.

오 늘 의 묵 상

_____
_____
_____
_____

September / **9월 24일**

시험당할 때 보호하심

시험을 참는 자는 복이 있나니
이는 시련을 견디어낸 자가
주께서 자기를 사랑하는 자들에게 약속하신
생명의 면류관을 얻을 것이기 때문이라
 (야고보서 1:12)

어떤 것이 내 영혼을 천국의 지혜인
좁은 길에서 벗어나도록 유혹할 때,
계율의 거룩한 빛을 피하거나
예수님의 힘을 붙들지 말라고 시험할 때,
유혹의 힘을 경험하셨던 주께서는
그 위험한 시간에도 여전히 나를 지키신다.

오 늘 의 묵 상

September / **9월 25일**

시험에서 건지심

주께서 경건한 자는 시험에서 건지실 줄 아시고
불의한 자는 형벌 아래에 두어
심판날까지 지키시며 (베드로후서 2:9)

험악하고 강력한 시험이
그대 가는 길을 사방에서 압박하여도!
그대의 죄성이 자주
그대를 큰 실망으로 이끌지라도!
예수님을 바라보라
그대는 주님을 힘입어 승리하리라.

오 늘 의 묵 상

September / 9월 26일

예수님은 시험받는 자의 힘이시다

나에게 이르시기를 내 은혜가 네게 족하도다
이는 내 능력이 약한 데서 온전하여짐이라 하신지라
(고린도후서 12:9a)

왜 내가 캄캄한 어둠 앞에서 두려워하며
시험하는 자의 힘에 덜덜 떨어야 하는가!
예수님이 나의 망루가 되어주시는데.

싸움이 맹렬한들, 왜 싸움터를 떠나는가?
왜 내가 두려워하거나 항복해야만 하는가?
예수님이 나의 강한 방패가 되시는데.

오 늘 의 묵 상

September / **9월 27일**

시험받는 자를 불쌍히 여기시는 그리스도

그가 시험을 받아 고난을 당하셨은즉
시험받는 자들을 능히 도우실 수 있느니라 (히브리서 2:18)

주님은 긍휼히 여기시는 주시니
우리의 체질이 연약함을 아시고,
우리와 똑같이 겪으셨기 때문에
극심한 유혹의 의미를 아신다.

오 늘 의 묵 상

_____
_____
_____

September / **9월 28일**

시험받는 자를 위해 중보하시는 그리스도

시몬아, 시몬아, 보라
사탄이 너희를 밀 까부르듯 하려고 요구하였으나
그러나 내가 너를 위하여
네 믿음이 떨어지지 않기를 기도하였노니
너는 돌이킨 후에 네 형제를 굳게 하라 (누가복음 22:31,32)

비록 내 기도가 부족하고 사랑이 식었어도
저 위에서 예수님께서 중보하시는 동안에는
내 견고한 소망은 사라지지 않으리라.

이 땅과 지옥이 합심하여 나를 대적하여도
주님의 권능이 내 편이시니
예수님은 전부이시며, 나의 주님이시라.

오 늘 의 묵 상

September / 9월 29일

시험당한 자를 위한 주님의 기도

우리를 시험에 들게 하지 마시옵고
다만 악에서 구하시옵소서
나라와 권세와 영광이 아버지께
영원히 있사옵나이다 아멘 (마태복음 6:13)

위험을 당할 때 저희를 지켜주시고
시험하는 자의 교활한 힘으로부터
주여 저희 영을 자유롭게 하소서.
시험이 공격을 해온다면
강력한 은혜가 모든 것을 이기고
우리 마음을 주님께로 이끌게 하소서.

오 늘 의 묵 상

September / 9월 30일

천국에는 시험이 없다

이기는 그에게는 내가 내 보좌에 함께 앉게 하여 주기를
내가 이기고 아버지 보좌에
함께 앉은 것과 같이 하리라 (요한계시록 3:21)

지금 그대가 시험을 받아
가시밭길을 걷고 있더라도
주의 오른손이 그대를 지키시고
곧 그대의 집인 하나님께로 데려다줄 것이라.
이는 완전한 구원이니
위에 있는 천국을 얻게 되리라.

The
Believer's
Daily
Treasure

10
October

지나온 길을 돌아보다

O c t o b e r / **10월 1일**

돌아봄은 그리스도인의 의무다

네 하나님 여호와께서 이 사십 년 동안에
네게 광야 길을 걷게 하신 것을 기억하라
이는 너를 낮추시며 너를 시험하사 네 마음이 어떠한지
그 명령을 지키는지 지키지 않는지 알려 하심이라 (신명기 8:2)

이제까지 주께서 나를 이끄시고
그의 진리와 자비를 알려주셨으니
이 사막의 땅을 걸어가는 동안
새로운 자비는 새 노래로 찬양하리라.

오 늘 의 묵 상

October / **10월 2일**

주님의 도우심

사무엘이 돌을 취하여 미스바와 센 사이에 세워 이르되
여호와께서 여기까지 우리를 도우셨다 하고
그 이름을 에벤에셀이라 하니라 (사무엘상 7:12)

이곳에 나의 에벤에셀 세우니
당신의 도우심으로 나는 여기에 있습니다.
당신의 선하심으로 집까지 무사히 이르길 바랍니다.

오 늘 의 묵 상

October / **10월 3일**

주님의 인도하심

다윗 왕이 여호와 앞에 들어가 앉아서 이르되
주 여호와여 나는 누구이오며 내 집은 무엇이기에
나를 여기까지 이르게 하셨나이까
주 여호와여 주께서 이것을 오히려 적게 여기시고
또 종의 집에 있을 먼 장래의 일까지도 말씀하셨나이다
주 여호와여 이것이 사람의 법이니이다 (사무엘하 7:18,19)

주님의 보호하심으로 안전하게
불모의 바다를 지나가리니,
주님의 현명한 나침판을 따라
마침내 항구에 다다르고
경외함으로 지난날의
수고와 위험들을 생각하리라.

오 늘 의 묵 상

O c t o b e r / **10월 4일**

주님의 신실하심

여호와여 주의 말씀대로
주의 종을 선대하셨나이다 (시편 119:65)

미로와 같은 삶을 걸어가기 시작한 때부터
주님은 제 길에 울타리를 쳐주지 않으셨나이까?
저의 세상적인 헛된 계획들을 물리치시고
그들의 먹잇감이 된 제 열망을 앗아가셨나이다.
행복을 세 번 잃고 나서야 제 행복은
주님 안에만 있음을 보게 되었나이다.

오 늘 의 묵 상

_____
_____
_____
_____

October / **10월 5일**

주님의 관대하심

여호와의 인자와 긍휼이 무궁하시므로
우리가 진멸되지 아니함이니이다
이것들이 아침마다 새로우니
주의 성실하심이 크시도소이다 (예레미야애가 3:22,23)

찬양의 목소리를 하나님께 높일지어다.
유익함을 찾지 못하고 매 순간 날아가
지나쳐버리는 모든 생각 속에서
그분의 선하심을 찬양할지어다.

오 늘 의 묵 상

October / **10월 6일**

주님의 자비하심

우리의 죄를 따라 우리를 처벌하지는 아니하시며
우리의 죄악을 따라 우리에게 그대로
갚지는 아니하셨으니 (시편 103:10)

주는 애처로운 눈길로
우리의 비참함을 바라보시네.
그러니 우리 이제 기쁜 마음으로
주님의 친절하심을 찬양하세.
그의 자비는 무궁하고
변함없이 신실하시도다.

오 늘 의 묵 상
_____
_____
_____
_____

October / **10월 7일**

주님의 훈계와 지도

나를 훈계하신 여호와를 송축할지라
밤마다 내 양심이 나를 교훈하도다 (시편 16:7)

그분의 세심하고 부드러운 돌보심으로
분명 주님께서 나를 여기까지 데려오셨고
기도로 어떻게 그의 얼굴을 구하는지를
가르쳐주신 분도 분명히 주님이시니,
과연 그토록 많은 자비를 보이신 후에
끝내 주께서 날 포기하시겠는가?

오 늘 의 묵 상

October / **10월 8일**

약속을 이루시는 주님

보라 나는 오늘 온 세상이 가는 길로 가려니와
너희의 하나님 여호와께서 너희에게 대하여 말씀하신
모든 선한 말씀이 하나도 틀리지 아니하고
다 너희에게 응하여 그중에 하나도 어김이 없음을
너희 모든 사람은 마음과 뜻으로 아는 바라 (여호수아 23:14)

제가 가는 모든 길에 주님의 손에 복종하고
다스리시는 섭리를 바라보오니
아직 달려야 할 길에서 도와주시고
나의 길이 주님께 이르도록 계속 지도하소서.

오 늘 의 묵 상

October / **10월 9일**

셀 수 없는 복

여호와 나의 하나님이여 주께서 행하신 기적이 많고
우리를 향하신 주의 생각도 많아 누구도
주와 견줄 수가 없나이다 내가 널리 알려 말하고자 하나
너무 많아 그 수를 셀 수도 없나이다 (시편 40:5)

나의 구주, 예수님의 손에서
날마다 받는 은혜가 모래처럼 셀 수 없네.
내 영혼아, 너는 주께 무엇을 드릴 수 있는가?

오 늘 의 묵 상

October / **10월 10일**

어릴 적부터 받은 경건한 가르침

그러나 너는 배우고 확신한 일에 거하라
너는 네가 누구에게서 배운 것을 알며 (디모데후서 3:14)

주께서는 주님의 길을
저에게 알려주지 않으셨나이까?
주님을 경외함으로 행하게 하시고
제가 인내할 수 있도록
은혜의 공급을 허락하소서.

오 늘 의 묵 상

October / **10월 11일**

예수님 없는 인간의 절망

전에 악한 행실로 멀리 떠나 마음으로
원수가 되었던 너희를 (골로새서 1:21)

가련한 죄인들이 캄캄한 절망의
구렁텅이에 빠져 있도다.
한 가닥 소망의 빛줄기도
희미하게 반짝하는 하루도 없이.

오 늘 의 묵 상

October / 10월 12일

셀 수 없이 많은 죄

나의 죄악이 얼마나 많으니이까
나의 허물과 죄를 내게 알게 하옵소서 (욥기 13:23)

지난날의 허물이 저를 괴롭게 합니다.
주님, 제 속마음을 씻어주시고
뻔뻔스런 그 모든 죄로부터
더욱 막아주소서.

그리하여 제 모든 태도와
생각과 말과 행동이
나의 힘이시요 구주이신
하나님께 열납되기를 원합니다.

오 늘 의 묵 상

October / **10월 13일**

무익했던 지난날

너희가 죄의 종이 되었을 때에는
의에 대하여 자유로웠느니라
너희가 그 때에 무슨 열매를 얻었느냐
이제는 너희가 그 일을 부끄러워하나니
이는 그 마지막이 사망임이라 (로마서 6:20,21)

주님, 저의 무수한 잘못들을 고백합니다.
저의 죄가 얼마나 큰지요.
제 모든 생각들이 어리석고 허망했으며
제 모든 삶이 죄였습니다.

오 늘 의 묵 상

October / 10월 14일

회심의 때

우리로 하여금 빛 가운데서 성도의 기업의 부분을 얻기에
합당하게 하신 아버지께 감사하게 하시기를 원하노라
그가 우리를 흑암의 권세에서 건져내사
그의 사랑의 아들의 나라로 옮기셨으니 (골로새서 1:12,13)

저를 주님의 발 앞으로 이끌어주신
그 귀한 시간으로부터 주께서는
제 모든 어리석음을 뿌리째 잘라주셨고.
저는 주님의 팔 외에는 어떤 것도 신뢰하지 않고
주님의 의로우심 밖에는 어떤 것에도
소망을 두지 않습니다.
저의 간청이 무엇이든 주님만 의지하여
주님의 영화로운 발 앞에만 놓습니다.

오 늘 의 묵 상
_____
_____
_____
_____

October / **10월 15일**

되찾은 평화

이는 내게 향하신 주의 인자하심이 크사
내 영혼을 깊은 스올에서 건지셨음이니이다 (시편 86:13)

주님은 내 허물을 용서하셨고
내 모든 슬픔이 그치게 하셨으니,
그분의 풍성한 긍휼로
내 영혼은 평화를 되찾았도다.

오 늘 의 묵 상
_____
_____
_____
_____

October / 10월 16일

되찾은 즐거움

남자들 중에 나의 사랑하는 자는
수풀 가운데 사과나무 같구나
내가 그 그늘에 앉아서 심히 기뻐하였고
그 열매는 내 입에 달았도다
그가 나를 인도하여 잔칫집에 들어갔으니
그 사랑은 내 위에 깃발이로구나 (아가 2:3,4)

주님은 은혜의 잔치 자리로
나를 친절히 데려다주셨고
주님은 쓰러진 나를 보시고
내 머리 위로
사랑의 휘장을 펼쳐주셨도다.

오 늘 의 묵 상
_____
_____
_____
_____

October / **10월 17일**

고난 중에 도우시다

주의 법이 나의 즐거움이 되지 아니하였더면
내가 내 고난 중에 멸망하였으리이다 (시편 119:92)

내 삶의 주님,
내 영혼을 향한 하나님의 판단이
어찌나 선하고 지혜로우신지요!
고난은 변장한 축복이자
죄의 고통스러운 치료 약이었습니다.
지금 주님의 방법은 또 얼마나 다른지요
가장 힘들 때 가장 자비로우십니다!

오 늘 의 묵 상

October / **10월 18일**

기도에 응답하시다

여호와께서 내 음성과 내 간구를 들으시므로
내가 그를 사랑하는도다
그의 귀를 내게 기울이셨으므로
내가 평생에 기도하리로다 (시편 116:1,2)

어려움에 맞닥뜨린 네가 부르짖을 때
주께서 듣지 않으신 적이 있는가?
결국 네가 이겨내게 하리라는
약속을 어기신 적이 있는가?

오 늘 의 묵 상
___
___
___
___

October / **10월 19일**

역경에서 구원하시다

내가 주의 인자하심을 기뻐하며 즐거워할 것은
주께서 나의 고난을 보시고 환난 중에 있는
내 영혼을 아셨으며 (시편 31:7)

오, 나와 함께 주님을 찬미할지니
와서 그의 이름에 참예하여 송축하라.
환난 가운데 주께로 피하였더니
그가 나를 곤경에서 건지셨도다.
오, 주께서 그대의 피난처가 되신다면
그대는 이루지 못할 것이 없으리로다.

오 늘 의 묵 상

October / 10월 20일

위험에서 건지시다

내가 주께 아뢴 날에
주께서 내게 가까이 하여 이르시되
두려워하지 말라 하셨나이다
주여 주께서 내 심령의 원통함을 풀어주셨고
내 생명을 속량하셨나이다 (예레미야애가 3:57,58)

제 남은 모든 삶을 다하여
제 영혼에서 주님의 형상을 보길 원합니다.
주님으로 제 커다란 공허를 채우사
당신을 측량하도록 제 마음을 넓혀주소서.

오 늘 의 묵 상
_____
_____
_____
_____

October / **10월 21일**

죽음에서 구출하시다

여호와여 주께서 내 영혼을
스올에서 끌어내어 나를 살리사
무덤으로 내려가지 아니하게 하셨나이다 (시편 30:3)

주님의 자비는 죽음의 그림자를 쫓아내고
무덤에서 저를 구해내셨습니다.
구원하시기 위한 자비,
그 입김을 보내신 주님을 찬양합니다.

오 늘 의 묵 상

October / **10월 22일**

인생의 덧없음

야곱이 바로에게 아뢰되 내 나그네 길의 세월이
백삼십 년이니이다 내 나이가 얼마 못 되니
우리 조상의 나그네 길의 연조에 미치지 못하나
험악한 세월을 보내었나이다 하고 (창세기 47:9)

이생은 꿈이고 공허한 쇼지만
우리가 가는 저 밝은 세계에는
실제적이고 참된 기쁨이 있도다.
언제 이 꿈에서 깨어 그곳에 있는 날 발견할까?

오 늘 의 묵 상
_____
_____
_____
_____

October / **10월 23일**

떠나보낸 친구들

형제들아 자는 자들에 관하여는
너희가 알지 못함을 우리가 원하지 아니하노니
이는 소망 없는 다른 이와 같이 슬퍼하지 않게 하려 함이라
우리가 예수께서 죽으셨다가 다시 살아나심을 믿을진대
이와 같이 예수 안에서 자는 자들도
하나님이 그와 함께 데리고 오시리라 (데살로니가전서 4:13,14)

비록 사랑했던 이들을 잃었지만
천국의 위안을 모르고 땅에 태어난 이들의
슬픔만큼 극심하진 않도다.
집으로 돌아간 영들을 불러내지 않을 것은
그들은 죄가 공격하지 못하고
슬픔이 찾아올 수 없는 곳에 있음이로다.

오 늘 의 묵 상

October / **10월 24일**

지난 날과 남은 날

하나님이여 나를 어려서부터 교훈하셨으므로
내가 지금까지 주의 기이한 일들을 전하였나이다
하나님이여 내가 늙어 백발이 될 때에도
나를 버리지 마시며 내가 주의 힘을 후대에 전하고
주의 능력을 장래의 모든 사람에게
전하기까지 나를 버리지 마소서 (시편 71:17,18)

여전히 제 삶이 해마다 되풀이되는
새로운 경이로움을 보나이다.
아직 남아 있는 내 날들을 생각하며
그날들도 주께서 보살피시리라 믿나이다.

오 늘 의 묵 상

October / **10월 25일**

감사로 이어지는 회상

내게 주신 모든 은혜를
내가 여호와께 무엇으로 보답할까
내가 구원의 잔을 들고
여호와의 이름을 부르며 (시편 116:12,13)

나의 하나님,
주님의 모든 자비가
내 영혼을 감찰하실 때마다
저는 감탄과 사랑과 찬양에 잠겨
기뻐 뛰나이다.

오 늘 의 묵 상

October / **10월 26일**

자기 성찰로 이어지는 회상

내가 옛날 곧 지나간 세월을 생각하였사오며
밤에 부른 노래를 내가 기억하여 내 심령으로,
내가 내 마음으로 간구하기를 (시편 77:5,6)

주님, 가장 엄격하게
제 마음을 살펴보도록 도와주소서.
제 모든 생각과 말과 방법들을
성경에 비춰보도록 도와주소서.

오 늘 의 묵 상
_____
_____
_____
_____

October / **10월 27일**

겸손으로 이어지는 회상

나는 주께서 주의 종에게 베푸신 모든 은총과
모든 진실하심을 조금도 감당할 수 없사오나 (창세기 32:10a)

주께서는 무엇보다 자격 없는 저희에게
저희가 구할 수 있는 것 중 가장 귀한
주님의 자비를 가장 값없이 주셨나이다.

오 늘 의 묵 상

October / 10월 28일

회개로 이어지는 회상

그대가 하나님께 아뢰기를 내가 죄를 지었사오니
다시는 범죄하지 아니하겠나이다 내가 깨닫지 못하는 것을
내게 가르치소서 내가 악을 행하였으나
다시는 아니하겠나이다 하였는가 (욥기 34:31,32)

생각과 의지, 말과 행동에서
은혜와 사랑의 하나님,
성령님과 예수님을 거슬러
저지른 악들이 무엇입니까?

오 늘 의 묵 상
_____
_____
_____
_____

October / 10월 29일

삶의 변화로 이어지는 회상

내가 내 행위를 생각하고 주의 증거들을 향하여
내 발길을 돌이켰사오며 주의 계명들을 지키기에
신속히 하고 지체하지 아니하였나이다 (시편 119:59,60)

하나님은 나의 분깃이시니
주님의 길을 알고부터
내 마음이 그 말씀 따르기를
지체 않고 서두릅니다.

오 늘 의 묵 상

October / 10월 30일

하나님에 대한
확신으로 이어지는 회상

내 영혼아 네 평안함으로 돌아갈지어다
여호와께서 너를 후대하심이로다
주께서 내 영혼을 사망에서, 내 눈을 눈물에서,
내 발을 넘어짐에서 건지셨나이다 (시편 116:7,8)

슬픔이 닥쳐올 때 그로 인해
저는 주님을 향하여 부르짖을 것입니다.
내 앞의 모든 날 그로 인해
주님의 이름을 경배하며 찬양합니다.

오 늘 의 묵 상

October / **10월 31일**

하나님에 대한
헌신으로 이어지는 회상

너희는 여호와께서 너희를 위하여 행하신
그 큰 일을 생각하여 오직 그를 경외하며
너희의 마음을 다하여 진실히 섬기라 (사무엘상 12:24)

나의 하나님, 나의 왕, 저의 여생을
주님을 향한 가지각색의 찬양으로 채우니
주님의 은총이 제 보잘것없는 혀와 죽는 날까지
영광으로 올려드리는 찬양을 받아주시나이다.

모든 순간마다
주님 귀에 끊임없이 감사의 찬미를 올리니
주님의 은혜가 제 찬양을 주를 위한
사랑의 수고로 받아주시나이다.

오 늘 의 묵 상

11
November

기대하고
또
기대하라

November / **11월 1일**

하나님에 대한 확신

나의 앞날이 주의 손에 있사오니 내 원수들과
나를 핍박하는 자들의 손에서 나를 건져주소서
주의 얼굴을 주의 종에게 비추시고
주의 사랑하심으로 나를 구원하소서 (시편 31:15,16)

"나의 앞날이 주의 손에 있사오니"
나의 하나님, 내 삶과 친구들,
나의 영혼도 그곳에 있길 바랍니다.
모두 주님의 돌보심에 맡깁니다.

오 늘 의 묵 상

November / 11월 2일

앞날에도 공급하시리라

여호와를 의뢰하고 선을 행하라 땅에 머무는 동안
그의 성실을 먹을거리로 삼을지어다 또 여호와를 기뻐하라
그가 네 마음의 소원을 네게 이루어주시리로다 (시편 37:3,4)

곳간이나 창고가 없는 새들도 먹이를 얻으니
이를 보며 우리를 먹이시는 주님을 믿게 하소서.
주께 합당한 성도들을 절대 거절하지 않으시니
기록된바, 주께서 공급하시리라 하셨나이다.

오 늘 의 묵 상
_____
_____
_____
_____

November / **11월 3일**

곤경에서 건지시리라

우리에게 여러 가지 심한 고난을 보이신 주께서
우리를 다시 살리시며 땅 깊은 곳에서
다시 이끌어 올리시리이다 (시편 71:20)

파고드는 슬픔들이
오늘 우리의 가슴을 들썩이고
내일도 우리를 위협하나,
희망은 우리의 눈을 돌리니

날아오르는 믿음의 날개 위에서
빛의 땅을 바라보고
모든 슬픔이 한없는 기쁨 안에서
사라져감을 느끼도다.

오 늘 의 묵 상

November / **11월 4일**

그리스도께서 지켜주시리라

이로 말미암아 내가 또 이 고난을 받되
부끄러워하지 아니함은 내가 믿는 자를 내가 알고
또한 내가 의탁한 것을 그 날까지
그가 능히 지키실 줄을 확신함이라 (디모데후서 1:12)

나는 주의 미소 아래 살아왔고
또한 천국의 일부를 가졌으니
주께 받은 은혜에 감사드리며
남은 날들도 주를 신뢰하리라.

오 늘 의 묵 상

November / **11월 5일**

은혜의 일을 완성하시리라

너희 안에서 착한 일을 시작하신 이가
그리스도 예수의 날까지 이루실 줄을
우리는 확신하노라 (빌립보서 1:6)

주님은 시작하신 일을 마치실 것이고
주님은 그분의 성도를 지키시니
내가 달려가야 할 길에서 힘을 주시며
나를 끝까지 사랑하실 것이라.

오 늘 의 묵 상

November / 11월 6일

복음의 승리

그의 이름이 영구함이여
그의 이름이 해와 같이 장구하리로다
사람들이 그로 말미암아 복을 받으리니
모든 민족이 다 그를 복되다 하리로다 (시편 72:17)

주님, 그 빛나는 날을 생각함으로
저희 소망이 불붙게 하옵시고
저희 사랑이 따스하게 하소서.
이 땅에서 기도하며 힘을 얻게 하옵시고
저 천국에서 저희 찬양에 관을 씌우소서.

오 늘 의 묵 상
_____
_____
_____
_____

November / **11월 7일**

선한 싸움 마치는 날

전제와 같이 내가 벌써 부어지고
나의 떠날 시각이 가까웠도다
나는 선한 싸움을 싸우고 나의 달려갈 길을 마치고
믿음을 지켰으니 (디모데후서 4:6,7)

이 땅에서 사람에게
가장 즐거운 시간은
갈등과 고민의 때가
끝나는 시간이로다.

오 늘 의 묵 상

November / 11월 8일

사탄을 이긴 승리

평강의 하나님께서 속히 사탄을
너희 발아래에서 상하게 하시리라
우리 주 예수의 은혜가 너희에게 있을지어다 (로마서 16:20)

이제 내 영혼 일어나
사탄을 짓밟게 하소서.
내 지휘관께서 날 이끄사
정복하여 승리의 관 얻게 하시네.
죽음과 지옥이 길을 막아설지라도
그날에 연약한 성도 이기게 하시리.

오 늘 의 묵 상

November / 11월 9일

죄를 이긴 승리

오호라 나는 곤고한 사람이로다
이 사망의 몸에서 누가 나를 건져내랴
우리 주 예수 그리스도로 말미암아 하나님께 감사하리로다
그런즉 내 자신이 마음으로는 하나님의 법을
육신으로는 죄의 법을 섬기노라 (로마서 7:24,25)

이제 승리의 하나님께 영원한 감사를 돌리세.
우리의 머리되신 살아계신 그리스도를 통해
죄로 죽었던 우리를 승리자 되게 하신 주님께.

오 늘 의 묵 상

November / 11월 10일

무덤을 이긴 승리

그러나 하나님은 나를 영접하시리니 이러므로
내 영혼을 스올의 권세에서 건져내시리로다 (시편 49:15)

천사장의 나팔 소리 울릴 때까지
침묵의 세월을 거기에 누워있으리니
그 후 세상 무덤에서 다시 일어나
불멸 속에 영광스럽게 되리.

오 늘 의 묵 상

November / **11월 11일**

죽음은 천국의 문

수년이 지나면 나는 돌아오지 못할 길로
갈 것임이니라 (욥기 16:22)

어서 오라,
갈망하는 영혼을 자유롭게 하는
완전한 해방의 달콤한 시간이여.
사슬은 풀어지고 감옥은 부서져
나로 내 하나님과 함께 살게 하라.

오 늘 의 묵 상

November / 11월 12일

죽음의 시간에도 돌보심

내가 사망의 음침한 골짜기로 다닐지라도
해를 두려워하지 않을 것은 주께서 나와 함께하심이라
주의 지팡이와 막대기가 나를 안위하시나이다 (시편 23:4)

사망의 골짜기 지날 때
이 인생은 죽은 자같이 연약하나
앞서 인도하시는 자애로우신 주님께서
두려움 가라앉히시고 그 음침한 길 비추사
어둠을 부수고 영원한 날들로 인도하신다.

오 늘 의 묵 상

November / 11월 13일

주의 날

그러나 주의 날이 도둑같이 오리니 그 날에는
하늘이 큰 소리로 떠나가고 물질이 뜨거운 불에 풀어지고
땅과 그중에 있는 모든 일이 드러나리로다 (베드로후서 3:10)

아아! 그 놀라운 날 온다!
큰 소리의 합창이 하늘을 흔들고
지옥의 문들은 산산이 부서지니
새 옷을 입은 허다한 무리들이 올라가는 것을 보라!

오 늘 의 묵 상

November / 11월 14일

기쁨의 부활

내가 알기에는 나의 대속자가 살아 계시니
마침내 그가 땅 위에 서실 것이라
내 가죽이 벗김을 당한 뒤에도
내가 육체 밖에서 하나님을 보리라 (욥기 19:25,26)

육신과 영이 분리될 때
비록 썩어가는 이 흙은 벌레에 파먹혀도
내 영혼은 영원한 날을 볼 것이며
하나님과 함께 영원히 살리라.

오 늘 의 묵 상
_____
_____
_____
_____

November / 11월 15일

심판하실 그리스도의 오심

볼지어다 그가 구름을 타고 오시리라
각 사람의 눈이 그를 보겠고 그를 찌른 자들도 볼 것이요
땅에 있는 모든 족속이 그로 말미암아 애곡하리니
그러하리라 아멘 (요한계시록 1:7)

위대하신 하나님!
이것이 정녕 제가 보고 듣는 것입니까!
피조물들의 종말이로다.
영광의 구름 속에 좌정하신
인류의 심판관이 나타나시니
나팔 소리 울리고 무덤에 잠자던
죽은 자들이 부활하도다.
내 영혼아, 심판주를 맞이할 준비를 하라!

오 늘 의 묵 상

November / 11월 16일

심판대 앞에 서는 날

이는 우리가 다 반드시 그리스도의 심판대 앞에
나타나게 되어 각각 선악 간에 그 몸으로
행한 것을 따라 받으려 함이라 (고린도후서 5:10)

아! 진노의 날,
사람들이 흙에서 깨어나
심판대 앞에 서는 바로 그 날에
주여, 하늘과 땅이 사라질지라도
떨고 있는 죄인들은 남아있게 하소서.

오 늘 의 묵 상

November / 11월 17일

완전한 무죄선고

누가 능히 하나님께서 택하신 자들을 고발하리요
의롭다 하신 이는 하나님이시니 누가 정죄하리요
죽으실 뿐 아니라 다시 살아나신 이는 그리스도 예수시니
그는 하나님 우편에 계신 자요
우리를 위하여 간구하시는 자시니라 (로마서 8:33,34)

지축을 흔드는 북소리를 두려워 말고
멸망의 날을 무서워하지 말지어다.
그분이 그대의 심판관이 되셨고
구주가 되셨으니.

오 늘 의 묵 상

November / 11월 18일

심판에 참여하게 되리라

성도가 세상을 판단할 것을 너희가 알지 못하느냐
세상도 너희에게 판단을 받겠거든 지극히 작은 일
판단하기를 감당하지 못하겠느냐 (고린도전서 6:2)

심판주를 보라, 우리의 본성을 입고
하나님의 위엄으로 옷 입으셨도다.
주의 나타나심을 오래 기다린 이들은 외칠지니
"이 하나님은 나의 하나님이시다."
은혜로우신 구주여
주님의 날에 우리를 받으소서!

오 늘 의 묵 상

November / **11월 19일**

흠이 없이 서게 되리라

능히 너희를 보호하사 거침이 없게 하시고
너희로 그 영광 앞에 흠이 없이
기쁨으로 서게 하실 이 (유다서 1:24)

언제쯤 내 마음을 채울 수 있으랴
주께서 내 무익한 이름을 취하실 때니,
내가 주님의 얼굴을 대하여 있는 그대로 보고
주께서 나를 아신 것 같이 주님을 알게 될 때라!

오 늘 의 묵 상

November / 11월 20일

썩지 않는 몸

이 썩을 것이 썩지 아니함을 입고
이 죽을 것이 죽지 아니함을 입을 때에는 사망을 삼키고
이기리라고 기록된 말씀이 이루어지리라 (고린도전서 15:54)

무덤아, 너의 승리가 어디 있느냐?
음침한 사망아, 네가 쏘는 것이 어디 있느냐?
네가 무슨 공포를 가져왔느냐?
우리는 너의 철 멍에를 부수고 높이 날아오르리라.
승리를 주시는 우리 주 그리스도께 영광을!

오 늘 의 묵 상

November / **11월 21일**

영광의 몸

그는 만물을 자기에게
복종하게 하실 수 있는 자의 역사로
우리의 낮은 몸을 자기 영광의 몸의 형체와 같이
변하게 하시리라 (빌립보서 3:21)

내 육체는 이 땅에서 잠들 것이나
마지막 나팔소리 기쁘게 울릴 때까지라.
그 순간에 홀연히 사슬은 끊어지고
내 구주의 형상을 입고 올라가리라.

오 늘 의 묵 상

November / 11월 22일

그리스도와 함께 있으리라

이는 내게 사는 것이 그리스도니 죽는 것도 유익함이라
내가 그 둘 사이에 끼었으니 차라리 세상을 떠나서
그리스도와 함께 있는 것이 훨씬 더 좋은 일이라
그렇게 하고 싶으나 (빌립보서 1:21,23)

폭풍이 절대 오지 않는 곳,
축복받은 성도들과 천사들이 사는 곳에서
천국의 집을 즐거워하며 사는 것이
가장 좋으니, 언제나 가장 좋도다.

오 늘 의 묵 상

November / 11월 23일

그리스도와 항상 함께 있으리라

그 후에 우리 살아남은 자들도 그들과 함께
구름 속으로 끌어 올려 공중에서 주를 영접하게 하시리니
그리하여 우리가 항상 주와 함께 있으리라 (데살로니가전서 4:17)

모든 속량 받은 자들이
죄 씻음 받은 무리에 참여하여
저 공중에서 구주의 얼굴을 뵐 때,
그들에게 비치는 기쁨을
누가 다 알 수 있으리오!

오 늘 의 묵 상

November / 11월 24일

그리스도와 함께 통치하리라

미쁘다 이 말이여
우리가 주와 함께 죽었으면 또한 함께 살 것이요
참으면 또한 함께 왕 노릇 할 것이요
우리가 주를 부인하면 주도 우리를
부인하실 것이라 (디모데후서 2:11,12)

우리는 사랑의 날개 위에 실려
항상 위로 올라갈 것이라.
주님 오실 때를 바라보며 기다리다
마침내 숨 가쁘게 집에 도착하면!
거기서 우리 주님과 함께 머물며
동역자들과 영원히 다스리리라.

오 늘 의 묵 상

November / **11월 25일**

그리스도와 같이 빛나리라

사랑하는 자들아 우리가 지금은 하나님의 자녀라
장래에 어떻게 될지는 아직 나타나지 아니하였으나
그가 나타나시면 우리가 그와 같을 줄을 아는 것은
그의 참모습 그대로 볼 것이기 때문이니 (요한일서 3:2)

거기서 주와 얼굴을 맞대고 볼 것이며
우리의 얼굴은 주의 얼굴처럼 빛나리라.
성도와 천사가 함께하니
오, 영광스러운 무리로다!

오 늘 의 묵 상

November / 11월 26일

하늘에 있는 집

만일 땅에 있는 우리의 장막 집이 무너지면
하나님께서 지으신 집
곧 손으로 지은 것이 아니요
하늘에 있는 영원한 집이
우리에게 있는 줄 아느니라 (고린도후서 5:1)

인생의 거친 장애물에 넘어지고,
폭풍우 몰아치며 바다가 요동치는 곳에서
죄와 슬픔으로 지친 영혼들을 위한 집이 있으니
저 위 천국에 있도다.

오 늘 의 묵 상

November / **11월 27일**

천국에서 온전히 알게 되리라

우리가 지금은 거울로 보는 것같이 희미하나
그 때에는 얼굴과 얼굴을 대하여 볼 것이요
지금은 내가 부분적으로 아나 그 때에는
주께서 나를 아신 것같이 내가 온전히 알리라 (고린도전서 13:12)

주님의 놀랍고 기이한 사랑을
유리를 통해 보는 것처럼 희미하니
주님과 저 천국의 기쁨에 대해
내가 아는 것이 얼마나 적은지!

주님의 뜻을 부분적으로 알지만
그것만으로도 주를 송축하나이다.
영광의 선명한 빛 가운데
주님의 남은 사랑이 언제 드러날까?

오 늘 의 묵 상

November / 11월 28일

의의 면류관

이제 후로는 나를 위하여
의의 면류관이 예비되었으므로
주 곧 의로우신 재판장이 그 날에 내게 주실 것이며
내게만 아니라 주의 나타나심을 사모하는
모든 자에게도니라 (디모데후서 4:8)

하나님은 날 위해서 천국에
시들지 않는 면류관을 쌓아두셨네.
위대한 그 날에 의로우신 심판주가
내 머리에 그 면류관을 얹어주시리.

오 늘 의 묵 상
_____
_____
_____
_____

November / 11월 29일

영화롭게 된 영들과의 재회

우리의 소망이나 기쁨이나
자랑의 면류관이 무엇이냐
그가 강림하실 때 우리 주 예수 앞에
너희가 아니냐 (데살로니가전서 2:19)

우리는 곧 그 무리와 연합하여
그들의 즐거움을 함께 나누고,
속량을 받은 이들과 그곳에서
끝없는 찬양을 함께 부르겠네.
할렐루야!
우리는 하나님께로 가고 있도다.

오 늘 의 묵 상

November / 11월 30일

거룩한 부르심을 기대하라

그러므로 사랑하는 자들아 너희가 이것을 바라보나니
주 앞에서 점도 없고 흠도 없이 평강 가운데서
나타나기를 힘쓰라 (베드로후서 3:14)

이제 바라보는 이것으로 시야를 가득 채우고
천국을 향한 주님의 출발 신호를 기다리니,
주님을 계속 예배하는 동안
내가 하는 모든 것에서 천국을 발견하네.

오 늘 의 묵 상

The
Believer's
Daily
Treasure

12
December

성도가
받게 될
마지막 축복

December / **12월 1일**

하나님의 선물, 영생

그러나 이제는 너희가 죄로부터 해방되고
하나님께 종이 되어 거룩함에 이르는 열매를 맺었으니
그 마지막은 영생이라 죄의 삯은 사망이요 하나님의 은사는
그리스도 예수 우리 주 안에 있는 영생이니라 (로마서 6:22,23)

나의 하나님, 내 기쁨은
주님으로부터 솟아나서
하늘의 끝을 지나
모든 경계 저 너머
영원을 달립니다.

오 늘 의 묵 상

December / **12월 2일**

그리스도께서 값 주고 사신 생명

염소와 송아지의 피로 하지 아니하고
오직 자기의 피로 영원한 속죄를 이루사
단번에 성소에 들어가셨느니라 (히브리서 9:12)

죽어가는 자들에게 용서와 평화,
영원한 삶이 주어졌으니
예수께서 흘리신 보배로운 피로
우리 영혼은 천국으로 인도받도다.

오 늘 의 묵 상

December / **12월 3일**

성령께서 보증하시는 영생

그 안에서 너희도 진리의 말씀
곧 너희의 구원의 복음을 듣고
그 안에서 또한 믿어 약속의 성령으로 인치심을 받았으니
이는 우리 기업의 보증이 되사 그 얻으신 것을 속량하시고
그의 영광을 찬송하게 하려 하심이라 (에베소서 1:13,14)

성령께서는 모든 성도 가운데 거하시며
천국의 상속자들을 인치시지 않으셨나이까?
당신께선 언제 저의 불평들을 거두시고
제 죄가 용서받았음을 보이시겠나이까?

오 늘 의 묵 상

December / 12월 4일

성도의 소망, 천국

그러므로 우리가 항상 담대하여
몸으로 있을 때에는 주와 따로 있는 줄을 아노니
이는 우리가 믿음으로 행하고
보는 것으로 행하지 아니함이로라
우리가 담대하여 원하는 바는 차라리 몸을 떠나
주와 함께 있는 그것이라 (고린도후서 5:6,8)

구주를 찬양하는 복된 교회와 함께 나는
그 환한 도성에서 살리니
죽음과 지옥으로부터 속량함 받은 이 몸
영원히 주 발 앞에 쉬겠네.

오 늘 의 묵 상

December / **12월 5일**

성도의 안식, 천국

그런즉 안식할 때가
하나님의 백성에게 남아있도다 (히브리서 4:9)

아아, 안식을 어디서 찾을까?
지친 영혼들을 위한 안식을.
깊은 바닷속을 헤매고
지축을 가로지른들
헛된 일일세.

이 눈물 골짜기 너머
저 위의 삶이 있으니
쏜살같은 세월로도 잴 수 없고
모든 삶이 사랑인 거기 있네.

오 늘 의 묵 상

December / **12월 6일**

혼인 잔치에 비유되는 천국

천사가 내게 말하기를 기록하라
어린양의 혼인 잔치에 청함을 받은 자들은
복이 있도다 하고 또 내게 말하되
이것은 하나님의 참되신 말씀이라 하기로 (요한계시록 19:9)

큰 소리 외쳐 이르되
"찬양받기 합당하신 어린양이여!
우리를 하나님께 인도하셨도다!"
주의 보혈 그 공로를
끊임없는 찬송가로 소리쳐 부르네.

오 늘 의 묵 상
_____
_____
_____
_____

December / 12월 7일

성도가 받을 유산, 천국

이로 말미암아 그는 새 언약의 중보자시니
이는 첫 언약 때에 범한 죄에서 속량하려고 죽으사
부르심을 입은 자로 하여금 영원한 기업의 약속을
얻게 하려 하심이라 (히브리서 9:15)

내 집과 내 공평한 분깃이 있고
내 보화와 내 마음이 거기 있고
내 거할 처소도 거기 있네.
신앙의 선배들이 거기 머물고
천사들도 손짓하며 날 부르고
예수님 날 오라 하시네.

오 늘 의 묵 상

_____
_____
_____
_____

December / **12월 8일**

영화로운 나라, 천국

내 아버지께서 나라를 내게 맡기신 것같이
나도 너희에게 맡겨 너희로 내 나라에 있어
내 상에서 먹고 마시며 또는 보좌에 앉아
이스라엘 열두 지파를 다스리게 하려 하노라 (누가복음 22:29,30)

오 하나님,
비할 데 없이 선하시도다!
그의 모든 사역이 공평할진대
주의 구속함 받은 이들이
주와 함께 살게 될 그곳,
그 나라는 얼마나 영화로울까!

오늘의 묵상

December / **12월 9일**

성도의 거처가 예비 된 천국

내 아버지 집에 거할 곳이 많도다
그렇지 않으면 너희에게 일렀으리라
내가 너희를 위하여 거처를 예비하러 가노니 (요한복음 14:2)

저기 보이는 빛의 영역 높이,
이 낮은 하늘보다 훨씬 위로
공평하고 찬란하며
영원히 쇠하지 않는
천국의 저택들이 솟아있네.

이 복된 거처에서 하늘 성도들은
기쁨에 도취하여 살아가도다.
이곳에선 근심 걱정 전혀 없이
임마누엘의 사랑으로 행복하도다.

오 늘 의 묵 상

December / 12월 10일

낙원에 비유되는 천국

예수께서 이르시되
내가 진실로 네게 이르노니
오늘 네가 나와 함께
낙원에 있으리라 하시니라 (누가복음 23:43)

성도들이 영영히 다스리는
순수한 기쁨의 땅이 있으니
무한한 낮이 밤을 차단하고
기쁨은 고통을 몰아내도다.

영원토록 봄이 깃들고
시들지 않는 꽃들 피어나나
오직 좁은 해협과 같은 죽음이
이 천국의 땅과 우리를 갈라놓도다.

오 늘 의 묵 상
_____
_____
_____
_____

December / **12월 11일**

거룩한 천국

무엇이든지 속된 것이나 가증한 일
또는 거짓말하는 자는
결코 그리로 들어가지 못하되
오직 어린양의 생명책에
기록된 자들만 들어가리라 (요한계시록 21:27)

영원히 죄에서 자유한 영혼은
슬픔이 더는 힘을 쓰지 못하니
다만 흠 없는 순결함으로 옷 입고
구속하신 사랑 흠모할 뿐이라.

오 늘 의 묵 상

December / 12월 12일

충만한 천국

주께서 생명의 길을 내게 보이시리니
주의 앞에는 충만한 기쁨이 있고
주의 오른쪽에는 영원한 즐거움이 있나이다 (시편 16:11)

끝없이 깊어가는 사랑의 물결,
모든 평원 위로
광대한 바다처럼 펼쳐지네.
하나님 그분이 사랑이시기에.

오 늘 의 묵 상

December / **12월 13일**

섬기는 곳, 천국

그러므로 그들이 하나님의 보좌 앞에 있고
또 그의 성전에서 밤낮 하나님을 섬기매
보좌에 앉으신 이가
그들 위에 장막을 치시리니 (요한계시록 7:15)

주님의 지엄한 명령을 준행하려고
영들이 날개를 펴고 신속히 날아가네.
가장 순수한 빛의 보석, 선행이
모든 가슴에서 눈부시게 빛나리라.

오 늘 의 묵 상

December / 12월 14일

슬픔이 없는 천국

모든 눈물을 그 눈에서 닦아주시니
다시는 사망이 없고 애통하는 것이나 곡하는 것이나
아픈 것이 다시 있지 아니하리니
처음 것들이 다 지나갔음이러라 (요한계시록 21:4)

즐거움과 기쁨이 한숨을 몰아내고
완전한 사랑이 두려움을 내어쫓네.
하나님은 모든 눈물을 그 눈에서
영원히 닦아주시리.

오 늘 의 묵 상

December / 12월 15일

저주가 없는 천국

다시 저주가 없으며
하나님과 그 어린 양의 보좌가
그 가운데에 있으리니
그의 종들이 그를 섬기며 (요한계시록 22:3)

영광 중에 그리스도를 만날 때
최고의 기쁨이 완성되고,
천국의 해안에 도착할 때
죽음과 저주가 다신 없으리라.

오 늘 의 묵 상

December / 12월 16일

밤이 없는 천국

다시 밤이 없겠고 등불과 햇빛이 쓸데없으니
이는 주 하나님이 그들에게 비치심이라
그들이 세세토록 왕 노릇 하리로다 (요한계시록 22:5)

빛나는 달도,
태양의 밝은 광채도
더는 필요하지 않으니
거룩한 보좌에서 영광으로
영원히 낮을 펼치시기 때문이라.

오 늘 의 묵 상

December / **12월 17일**

죽음이 없는 천국

저 세상과 및 죽은 자 가운데서 부활함을 얻기에
합당히 여김을 받은 자들은 장가가고 시집가는 일이 없으며
그들은 다시 죽을 수도 없나니 이는 천사와 동등이요
부활의 자녀로서 하나님의 자녀임이라 (누가복음 20:35,36)

고통과 아픔이 발길을 끊으니
슬픔이 불평을 그치고,
영생이 번영하여 건강이 승리하니
영원한 즐거움이 다스리도다.

오 늘 의 묵 상

December / 12월 18일

천국의 찬양

그들이 새 노래를 불러 이르되
두루마리를 가지시고 그 인봉을 떼기에 합당하시도다
일찍이 죽임을 당하사 각 족속과 방언과 백성과 나라
가운데에서 사람들을 피로 사서 하나님께 드리시고
(요한계시록 5:9)

들으라! 잘 들으라!
여호와의 보좌 사방에서
끝없이 울려 퍼지는 찬양 소리를.
인생의 입술들은 불러본 적 없는
천상의 기쁨을 노래하는 목소리를.

오 늘 의 묵 상

December / **12월 19일**

천국의 흰옷 입은 무리

이는 큰 환난에서 나오는 자들인데
어린 양의 피에 그 옷을 씻어 희게 하였느니라
그러므로 그들이 하나님의 보좌 앞에 있고 (요한계시록 7:14b,15a)

깨끗한 흰옷 입은 무리가 모두
승리의 종려 가지를 손에 쥐고
위대한 구주의 능력으로
넉넉히 이기고 서 있네.

오 늘 의 묵 상

December / 12월 20일

성도들은 하나님과 함께 있을 것이다

하나님이 그들과 함께 계시리니
그들은 하나님의 백성이 되고
하나님은 친히 그들과 함께 계셔서 (요한계시록 21:3b)

오, 영광스러운 시간! 복된 거처로다!
나 하나님 곁에 있어 그분을 닮아가리니
육신과 죄악이 내 영혼의 거룩한 즐거움을
다시는 훼방하지 못하리라.

오 늘 의 묵 상

December / **12월 21일**

성도들은 그리스도와 함께 있을 것이다

아버지여 내게 주신 자도
나 있는 곳에 나와 함께 있어
아버지께서 창세전부터 나를 사랑하시므로
내게 주신 나의 영광을
그들로 보게 하시기를 원하옵나이다(요한복음 17:24)

그때 휘장이 걷히고
주님의 빛이 사방에서 쏟아져 내리리라.
사랑하나 만질 수 없었던 주님을 만나고
사모했으나 볼 수 없었던 주님을 보리라.

오 늘 의 묵 상

December / 12월 22일

성도들은 만물을 상속받을 것이다

이기는 자는 이것들을 상속으로 받으리라
나는 그의 하나님이 되고
그는 내 아들이 되리라 (요한계시록 21:7)

성도들은 주님 앞에서
지극히 크고 영원한 상급을 받으니
천국에서 예수님과 함께 살면서
주님의 미소 속에 다스리리.

오 늘 의 묵 상

December / **12월 23일**

성도들은 온전해질 것이다

그러나 너희가 이른 곳은
시온 산과 살아 계신 하나님의 도성인
하늘의 예루살렘과 천만 천사와 하늘에 기록된
장자들의 모임과 교회와 만민의 심판자이신
하나님과 및 온전하게 된 의인의 영들과 (히브리서 12:22,23)

천국에서의 삶이 대체 무엇인가?
믿음으로 믿었던 모든 것의 합이니
지금껏 보지 못했고
측량할 수도 없었고
상상해본 적 없었던
충만한 기쁨과 완벽한 행복이리라!

오 늘 의 묵 상

December / 12월 24일

성도들은 영광스러운 모습이 될 것이다

그 때에 의인들은
자기 아버지 나라에서 해와 같이 빛나리라
귀 있는 자는 들으라 (마태복음 13:43)

어린양께서 성도들의 빛과 태양 되셔서
보라, 그들에게 비친 그 빛 반사되니
이루 말할 수 없이 예수님과 하나 되어
거룩한 광채로 찬란하게 빛나도다.

오 늘 의 묵 상

December / **12월 25일**

성도들은 승리자의 영예를 얻을 것이다

이 일 후에 내가 보니
각 나라와 족속과 백성과 방언에서
아무도 능히 셀 수 없는 큰 무리가 나와
흰 옷을 입고 손에 종려 가지를 들고
보좌 앞과 어린양 앞에 서서 (요한계시록 7:9)

이제 승리자들은 보좌 가운데 계신
어린양께 그들의 종려 가지를 바치며
오직 십자가만으로 얻은 승리를
즐거운 찬송으로 선포하겠네.

오 늘 의 묵 상

December / **12월 26일**

성도들은 거룩한 나라의
왕과 제사장이 될 것이다

그들로 우리 하나님 앞에서
나라와 제사장들을 삼으셨으니
그들이 땅에서 왕 노릇 하리로다 하더라 (요한계시록 5:10)

주께서 피로써 우리 영혼을 속량하사
죄의 포로였던 우리를 해방하셨고
하나님 앞에 왕과 제사장으로 삼으셨으니
이제 우리는 주님과 함께 통치하리로다.

오 늘 의 묵 상

_____
_____
_____
_____

December / **12월 27일**

천국의 기쁨은 확실하다

주를 두려워하는 자를 위하여 쌓아두신 은혜
곧 주께 피하는 자를 위하여 인생 앞에
베푸신 은혜가 어찌 그리 큰지요 (시편 31:19)

삶의 순례를 마칠 때까지
날 붙드는 소망이 이것이니,
두려움이 날 괴롭게 하고
문제들이 고통스럽게 해도
끝내 나는 본향 집에 도착하리.

오 늘 의 묵 상

December / 12월 28일

천국의 기쁨은 풍성하다

이는 보좌 가운데에 계신 어린 양이
그들의 목자가 되사
생명수 샘으로 인도하시고
하나님께서 그들의 눈에서 모든 눈물을
씻어주실 것임이라 (요한계시록 7:17)

보좌 한가운데 좌정하신 어린양
그의 온화한 빛줄기를 비추시는 그곳에서
성도들은 주님의 풍성한 사랑을 마음껏 먹고
천국의 시내에 흐르는 충만한 기쁨을 마시리라.

오 늘 의 묵 상
_____
_____
_____
_____

December / **12월 29일**

천국의 기쁨은 만족을 준다

**나는 의로운 중에 주의 얼굴을 뵈오리니
깰 때에 주의 형상으로 만족하리이다** (시편 17:15)

아아, 주님의 돌보심으로 깰 때
주의 얼굴을 보며, 주의 형상을 품으리니
제 가슴이 황홀함으로 벅차오르지 않겠나이까!
제 마음에 가득한 기쁨이 흘러넘치리다!

오 늘 의 묵 상

December / 12월 30일

천국의 기쁨은 영원하다

이기는 자는 내 하나님 성전에 기둥이 되게 하리니
그가 결코 다시 나가지 아니하리라 (요한계시록 3:12a)

영원한 그 문들은
곧 성도들을 맞이하리니
천사의 능력과 영광스러운 기쁨으로
저 천국에서 살게 되리라.
슬픔과 죄악의 세상에서 멀리 떨어져
하나님과 함께 영원히
닫힌 그 문 안에서.

오 늘 의 묵 상

December / **12월 31일**

천국을 고대하며 살아가라

기다려서 천삼백삼십오 일까지
이르는 그 사람은 복이 있으리라
너는 가서 마지막을 기다리라 이는 네가 평안히 쉬다가
끝날에는 네 몫을 누릴 것임이라 (다니엘 12:12,13)

예루살렘, 나의 행복한 본향.
내 영혼 항상 그곳을 갈망하니
기쁨과 평화와 주님 안에서
내 수고가 다할 때까지라.

오 늘 의 묵 상

사명선언문

너희가 흠이 없고 순전하여……세상에서 그들 가운데 빛들로
나타내며 생명의 말씀을 밝혀 _ 빌 2:15-16

1. 생명을 담겠습니다
만드는 책에 주님 주신 생명을 담겠습니다.
그 책으로 복음을 선포하겠습니다.

2. 말씀을 밝히겠습니다
생명의 근본은 말씀입니다.
말씀을 밝혀 성도와 교회의 성장을 돕겠습니다.

3. 빛이 되겠습니다
시대와 영혼의 어두움을 밝혀 주님 앞으로 이끄는
빛이 되는 책을 만들겠습니다.

4. 순전히 행하겠습니다
책을 만들고 전하는 일과 경영하는 일에 부끄러움이 없는
정직함으로 행하겠습니다.

5. 끝까지 전파하겠습니다
모든 사람에게, 땅 끝까지, 주님 오시는 그날까지
복음을 전하는 사명을 다하겠습니다.

서점 안내

광화문점 서울시 종로구 새문안로 69 구세군회관 1층
02)737-2288 / 02)737-4623(F)

강남점 서울시 서초구 신반포로 177 반포쇼핑타운 3동 2층
02)595-1211 / 02)595-3549(F)

구로점 서울시 동작구 시흥대로 602, 3층 302호
02)858-8744 / 02)838-0653(F)

노원점 서울시 노원구 동일로 1366 삼봉빌딩 지하 1층
02)938-7979 / 02)3391-6169(F)

분당점 경기도 성남시 분당구 황새울로 315 대현빌딩 3층
031)707-5566 / 031)707-4999(F)

일산점 경기도 고양시 일산서구 중앙로 1391 레이크타운 지하 1층
031)916-8787 / 031)916-8788(F)

의정부점 경기도 의정부시 청사로47번길 12 성산타워 3층
031)845-0600 / 031)852-6930(F)

인터넷서점 www.lifebook.co.kr